AF232191

JULES LERMINA

LA SCIENCE OCCULTE

Magie pratique

RÉVÉLATION

DES

MYSTÈRES DE LA VIE & DE LA MORT

PARIS

ERNEST KOLB, ÉDITEUR

8, RUE SAINT-JOSEPH, 8

MAGIE PRATIQUE

DU MÊME AUTEUR

A tes pieds, 1 vol., Kolb, éditeur.
Histoires incroyables, 1 vol., Boulanger, édit.
Nouvelles histoires incroyables, 1 vol., Savine, édit.
A bruler, conte astral, 1 vol., Chacornac, édit.

ÉMILE COLIN. — IMPRIMERIE DE LAGNY

JULES LERMINA

LA SCIENCE OCCULTE

MAGIE PRATIQUE

RÉVÉLATION

DES

MYSTÈRES DE LA VIE ET DE LA MORT

> Pourquoi, par exemple, la fleur
> a-t-elle le parfum ?
>
> E. RENAN.

PARIS

ERNEST KOLB, ÉDITEUR

8, RUE SAINT-JOSEPH, 8

Tous droits réservés

LETTRE-PRÉFACE

A Germain M . . . . n.

Mon vieux camarade,

Nous fêterons cette année le trente-et-unième anniversaire de notre première rencontre, nous sommes donc de vieilles connaissances et [il est dans le cœur et la conscience de l'un peu de choses qui ne soient familières au cœur et à la conscience de l'autre.

C'est à toi que je dédie ce livre, certain que quelles que soient tes opinions au sujet des questions dont il traite, tout au moins tu as la profonde conviction que je suis absolument de bonne foi.

Comme moi, avec moi, tu as lutté, depuis que tu as l'âge d'homme, contre toutes les superstitions et toutes les tyrannies. Je te sais d'esprit sain et logique et je te connais incapable d'aucun compromis de conscience.

Quand pour la première fois, je t'ai parlé des études qui font l'objet de ce volume, tu t'es récrié. Tu te révoltais contre des idées qui te semblaient contradictoires avec celles que tous deux nous avions professées pendant toute notre vie. Le surnaturel n'existait pas et ne pouvait pas exister. Je devais prendre garde de me laisser entraîner à des suggestions d'imagination qui, me disais-tu, pouvaient m'être nuisibles dans le milieu qui m'entourait.

Je tins grandement compte de tes avis, mais tout en reconnaissant que ce qui nous semblait surnaturel était tout au moins et le plus souvent parfaitement invraisemblable, je me mis de plus belle au travail, et tu sais mieux que personne si je ménage ma peine.

Un jour, je te lus cette phrase de Tolstoï :

— Vous est-il jamais arrivé, lecteur, de vous apercevoir tout à coup, à certains moments de la vie, que votre opinion sur le monde change complètement, comme si tous les objets tournaient subitement vers vous une face nouvelle et ignorée.

L'impression visée par le grand Russe est celle du soulevement imprévu d'un voile, sous lequel apparaissent des horizons insoupçonnés. Nous l'avions ressentie une fois déjà, lorsque, tardifs parce que pauvres, nous avions pu enfin lire les ouvrages de Darwin et d'Haeckel. Nous comprîmes ce jour-là la valeur du mot révélation. Il se faisait en nous comme une ouverture d'âme. Tout nous apparut sous un autre angle.

Aujourd'hui, pour moi le mouvement se continue. Partisan passionné de l'évolution et de l'hérédité, j'acceptais difficilement que ce mouvement en avant, inhérent à la matière, en ses diverses manifestations, s'arrêtât brusquement à la mort de l'homme. L'univers créé pour la petite chose que nous sommes, cela me semblait illogique, comme aussi ce subit arrêt dans le progrès.

Ce fut alors que les livres de Crookes me tombèrent entre les mains.

Je résistai tout d'abord, j'avais l'orgueil du matérialisme impénitent, dans le sens étroit du mot. Tout à la mort était fini et la dissolution du corps entraînait l'anéantissement définitif.

Mais, en dépit de moi, je voyais autre chose,

encore vaguement, la persistance de l'évolution et, m'armant de la théorie de la création naturelle, je sentais instinctivement le besoin de la prolonger au-delà de la dissolution des molécules constitutives du corps.

Tu protestas vivement. Tu t'en tenais à cette conviction du néant immediatement retrouvé. En vain je te parlais de mes études, des éléments nouveaux qu'apportait à mes recherches l'étude des religions hindoues. Je m'efforçais de te démontrer la logique superbe du système ésotérique qui expliquait notre évolution actuelle aussi bien que notre évolution future.

Tu m'écoutais indulgemment, comme il convient, en raison d'une vieille amitié comme la nôtre, mais tu combattais, tout en avouant que tu me connaissais pour homme de sens — même de bon conseil — dans la vie pratique, etant passé par des épreuves où plus d'un eut succombé et dont j'étais sorti à force de travail et de persévérance.

J'ai persisté : tu doutes encore. C'est pour toi que j'écris ces pages, dont pas une ligne n'est empreinte d'un autre sentiment que la plus parfaite bonne foi.

Mon désir est que, l'ayant lu, sans renier plus

que moi aucune des convictions de notre vie, tu reconnaisses que dans tous les phénomènes constatés, il y a autre chose que de l'escroquerie et de la prestidigitation. Je veux qu'à la dernière page tu te demandes si, sérieusement, il est indispensable pour notre dignité de nous enliser dans un scepticisme qui d'ailleurs ne prévaudra pas contre le progrès. Serons-nous spiritualistes — ou spirites — pour cela? Tu n'en es pas plus que moi à avoir peur des mots, à la condition que ce qu'ils cachent ne soit pas contraire aux suggestions de notre conscience. Les révoltés flamands s'appelaient des gueux et étaient de fort honnêtes gens.

La vérité, c'est qu'il n'y a que du matérialisme, en ce sens que les avenirs — si tant est qu'ils existent — ne représentent qu'une dilution, qu'une sublimation de la matière, douée en d'autres états de propriétés qui n'existent pas sous les formes que nous connaissons. L'électricité n'est-elle pas un état de la matière, et pourtant ses effets se peuvent-ils comparer à ceux qui nous sont familiers. Chaque état différent développe des facultés nouvelles, et la matière, à l'état radiant, ne ressemble en rien au levier d'une locomotive.

La matière psychique est douée de toutes autres propriétés que nos muscles et notre chair. Nous avons une idée de cette transformation quand nous étudions le travail de notre cerveau. Tous les jours, nous constatons en nous l'existence d'une force que nous pouvons analyser, mais dont la projection nous échappe.

—La pensée est une électricité, si tu le veux, mais à la X puissance et produisant X effets.

... En le cycle de ces études rentrent les magies de tous les temps, les miracles qui n'en furent pas, les destinées de tout le monde — de toi comme de moi.

Je n'insiste pas, tu me sais honnête homme et sensé, lis, et je voudrais seulement que tu pusses dire :

— Il y a là quelque chose qu'il faut, non pas railler — parce que la raillerie n'a jamais rien produit, — mais étudier, parce que le travail mène toujours quelque part.

Ton

J.-L.

LIVRE PREMIER

LE SURNATUREL

LIVRE PREMIER

LE SURNATUREL

I

LA LIBERTÉ DE PENSÉE

Depuis quelque temps, il est beaucoup parlé de questions qui, on doit le reconnaître, étaient de longue date reléguées parmi les pires fantaisies de l'esprit humain et dont il n'était fait mention que pour les signaler à la défiance, sinon au mépris des honnêtes gens.

La réaction qui a suivi l'usurpation ultrà spiritualiste des religions à dogmes despotiques et à miracles inexpliqués, mais en même temps indiscutables, la critique passionnée du dix-huitième siècle s'attaquant à tout ce qui heurtait le bon sens et la conscience, les colères suscitées légitimement par la tyrannie des thaumaturgies persécutrices, avaient déterminé une résistance nécessaire contre les spéculations dont l'absurdité était le moindre tort et qui servaient d'*instrumentum regni* à toute une horde d'exploiteurs de la crédulité humaine.

Les superstitions et les crimes commis pour les imposer aux raisonnants avaient déshonoré, souillé l'idéal : la raison humaine, d'un effort violent, reconquit ses droits, et, dans l'orgueil sain de sa libération, jeta le vieux monde à bas, en bloc.

L'arrêt fut rendu, expliqué par des considérants de légitime colère : les fils de la Revolution sé chargèrent de l'exécuter et ils le firent dans toute la plénitude de leur indépendance recouvrée.

Enfin la pensée était libre, il n'était plus de domaine systématiquement fermé à l'examen, il n'était plus de porte devant laquelle se dressât le Chérub de la Genèse, dardant son épée de feu et criant : — Tu n'iras pas plus loin.

Le dix-neuvième siècle bénéficiera dans l'histoire de cette situation exceptionnelle. Né de la nuit, il sera une aurore. Il aura la gloire d'avoir vu Prométhée, délivré de ses chaînes, s'élancer de nouveau à la conquête de la vérité, et si cette joie ne lui est pas donnée d'acclamer le triomphateur parvenu à son but, tout au moins l'aura-t-il suivi des yeux pendant les premières phases de la lutte, et lui aura-t-il fourni des armes pour les combats futurs.

En effet, jamais, plus loin qu'en notre temps, n'aura été porté l'esprit de l'investigation correcte, la passion probe de l'expérience et de l'analyse.

Le positivisme a imposé silence aux rêveurs et aux menteurs de parti pris : la science, s'emparant du domaine de l'expérimentation pure, a rejeté résolument tout ce qui lui était étranger, s'interdisant toute incursion dans le champ, dit métaphysique,—déclaré par un arrêt subsidiaire au premier, à jamais fermé à la connaissance de l'homme.

« *Ignoramus et ignorabimus*, » dit Du Bois-Reymond, commentant sans y prendre garde le mot de l'Ecclésiaste : « Ne médite pas sur une chose qui est trop au-dessus de toi ! »

Pourquoi donc ?

De quel droit venir poser une barrière devant l'activité humaine ? De quel droit venir nous dire : Vous étudierez ceci, mais nous vous interdisons d'étudier cela !

Ainsi parlaient les persécuteurs d'autrefois ; ils traçaient un cercle, quiconque tentait de le franchir était criminel. Il est vrai que de notre temps on ne brûle plus, on ridiculise. Quand même on cherche à tuer.

Cependant certains hommes, au nom de cette liberté d'examen que nos pères ont conquise, s'obstinent à travailler, à marcher en avant, et à mesure qu'ils font un pas, les barrières imaginaires se reculent devant eux, chaque jour qui s'écoule marque la conquête d'un pouce de terrain nouveau.

La science, et c'est la véritable mission qui lui avait été léguée par les siècles passés, a mis les penseurs en garde contre les suggestions séduisantes de l'imagination : mais où elle a exagéré ses droits, c'est lorsqu'elle s'est montrée aussi intolérante que les religions, englobant dans une réprobation irréfléchie les utopistes — qui sont peut-être les savants de demain — et les investigateurs sensés qui découvraient des horizons dont elle s'obstinait, quand même, à nier l'existence

Elle s'oppose, formidablement, usant de toutes les armes morales dont elle dispose, au mouvement qui, jugé superficiellement, semble l'expression d'une réaction nouvelle, provoquée par l'intolérance des Académies, substituées aux Églises, mais qui, étudié en dehors de toute routine et de tous préjuges, répond à la loi inéluctable du progrès intellectuel de l'humanité.

Sont-ce donc tous des fous ou ce qui serait plus grave, des renégats, ces hommes qui, ayant consacré leur vie à la défense de la Liberté de pensée, se sont dit un jour et ont osé dire aux autres : « Il semble en vérité qu'en dehors de ce qu'on appelle la matière, dans le sens étroit du mot, il y ait autre chose. »

Ces gens ont-ils glissé, par une débilitation cérébrale, de l'incrédulité la plus implacable à la foi aveugle et stupide qu'ils raillaient tant naguère?

Cette question, la première qui se pose même devant les esprits les moins malveillants, repose sur une première erreur dont il convient de faire justice.

Il semble, et les préjugés courants entretiennent cette confusion, qu'il existe deux mondes, absolument distincts, le monde de la matière..., et l'autre. C'est ainsi qu'avant les découvertes de la science moderne, on séparait en domaines absolument spéciaux les minéraux, les végétaux et les animaux. Chacun de ces groupes avait ses limites infranchissables, aucun lien n'unissait la pierre à la plante, le végétal à l'animal. De trois divisions on était ensuite arrivé à deux, le monde organique et le monde inorganique.

Aujourd'hui qui oserait soutenir une semblable thèse? Où commence, où finit le monde organique? Les minéraux vivent, sont sensibles, évoluent et meurent, Marco Pilo l'a prouvé; certaines plantes sont si proches des animaux que les observations les plus minutieuses ne peuvent leur assigner une place définie dans l'échelle des êtres. Voici que grâce aux travaux de Darwin, d'Huxley, d'Haeckel, leur continua-teur génial, la Nature apparaît dans une unité superbe, emportée tout entière par le courant d'évolution qui, mûrissant, pour ainsi dire, ses éléments les plus bruts en apparence, les vivifie et universalise le travail de la semence, de la germination, de la floraison, de la fructification universelles.

Soit, dit-on, mais la limite est atteinte. L'homme est l'expression la plus parfaite de cette évolution. Il est à la fois le but et la limite. Quand il meurt, la nature a accompli son œuvre et n'a plus qu'à revenir en arrière. L'homme mort, son corps se désagrège, les éléments qui le constituent retournent à la terre, grand et éternel creuset de l'évolution.

Après tout, c'est possible. Cependant il semble bien étrange que cette force dont nous constatons le mouvement s'arrête ainsi tout à coup, se heurte comme à un mur à cet acte qui s'appelle la mort, et que l'évolution soit achevée parce qu'un animal, un peu mieux organisé que les autres, a vécu un certain nombre d'années. Nous revenons à la Genèse fantaisiste — car bien entendu, comme il a été prouvé par Fabre d'O-livet (1) et Lacour (2), jamais la Genèse n'a eu le sens ridicule et antiscientifique qu'on lui attribue — la Nature ayant fait l'homme, tel que nous le connaissons, trouve que cela est bien et se repose. Elle ne sait que cet exercice et elle le recommence à perpétuité. L'homme est si parfait qu'après lui, tout ce qu'il y a d'énergie dans la force propulsive de la Nature est épuisé. Peut-

(1) *La Langue Hébraïque restituée.*
(2) *Les Œloim ou les Dieux de Moïse.*

être remarquera-t-on qu'il y a là quelque vanité de notre part!

Maintenant, si usant de cette liberté de pensée que nous devons à tant de persécutés et de martyrs, quelqu'un dit : « La logique veut que l'évolution continue, non pas seulement en se recommençant elle-même, mais en continuant son mouvement en avant! »

On crie au spiritualisme, voire même à la folie. —

Mais où est donc la limite qui sépare ce qu'on appelle le monde matériel de ce qu'on appellerait le monde spirituel ? L'évolution continue, avec les éléments même dont elle a toujours disposé ; il peut y avoir un changement d'état. La science pendant des siècles n'a connu que les états solides, liquides et gazeux. Depuis que Faraday a découvert l'état radiant et que Crookes a notifié l'hypothèse nécessaire du protyle, cette question de l'évolution ultra humaine n'a-t-elle pas fait un pas de géant?

Alors on admettrait le surnaturel !

Oh ! la bataille des mots ! ils font plus de mal au progrès que les idées. Pour ne pas subir le ridicule d'une qualification, des hommes se condamnent au silence, au besoin renient leurs convictions les plus intimes. Avoir été matérialiste toute sa vie et s'entendre appeler spiritualiste !

Or, il n'y a pas plus de limites entre le matériel et le spirituel, qu'entre l'animal et l'homme. Pas plus qu'entre le naturel et le surnaturel. Il n'existe que des degrés dans l'évolution, que des degrés dans la puissance de perception ou d'acuité des organes. Matériel et spirituel ne sont que des expressions qui visent le degré de densité ou de ténuité de la substance et les timides devront méditer cette pensée de Tyndall : « Si l'esprit humain, semblable au pèlerin qui soupire pour son foyer lointain, veut se tourner vers le mystère dont il est sorti, aussi longtemps qu'il fera de pareilles tentatives, non seulement sans intolérance, ni bigotisme quelconque, mais en reconnaissant d'une façon éclairée, qu'il est impossible d'atteindre ici la dernière fixité de la conception, alors contrairement à toutes les restrictions du matérialisme, j'affirmerai qu'il y a là un champ pour les plus nobles efforts de ce qui, par opposition à nos facultés connaissantes peut être nommé les facultés créatives de l'homme. »

Axiome : Le surnaturel n'existe pas.

Le miracle d'hier est la banalité pratique de demain.

La liberté de pensee implique-t-elle nécessité de négation, quand même ?

« Le doute, disait Arago, est une preuve de modestie et il a rarement nui au progrès des sciences. On ne pourrait en dire autant de l'incrédulité. Celui qui, en dehors des mathématiques pures, prononce le mot impossible, manque de prudence... »

Et aussi, celui qui prononce le mot de surnaturel.

Lactance proclamait surnaturelle et inepte l'existence des antipodes, et saint Augustin ajoutait qu'en tout cas, il ne pouvait être question de terres habitées.

Aucun autre univers que celui de la terre n'est possible, disait Aristote, le vide n'existe pas... chez l'homme seul le cœur bat... le côté gauche du cœur est plus froid que le côté droit..., les hommes ont plus de dents que les femmes...

Et pendant de longs siècles il fut interdit de discuter Aristote.

Sans l'intolérance criminelle, il y a deux mille ans que la science, avec Empédocle, aurait étudié le principe de la sélection et de la survivance du plus apte, proclamée au xix⁰ siècle par Darwin, que l'Institut de France mit à l'index pour cette hérésie.

Copernic eut si grand peur d'être bafoué « il l'a avoué lui-même », que ce ne fut que six mois avant sa mort qu'il osa publier son système du monde.

Mais pourquoi remonter si loin :

Recherchez dans la France Mystique comment Erdan traite Hoené Wronski, l'inventeur de la Loi Suprême dont le fameux Lagrange avait reconnu en pleine Académie l'effrayante généralité, ajoutant que dans cette loi toutes les Mathématiques modernes étaient contenues. Aujourd'hui, il n'est pas un polytechnicien qui ne pioche son Wronsk.

La coalition contre le progrès est formidable.

Tantôt c'est le gouvernement qui s'érige en juge. En 1808, Fouché faisait saisir et détruire administrativement la Philosophie de Ravarebonhi dans laquelle un groupe de savants, sous le pseudonyme de Nicolas Beuguet, posaient les principes du transformisme et de l'hérédité.

Tantôt ce sont les « bons confrères » qui font le silence autour d'une expérience nouvelle : ainsi en fut-il pour Jules Cloquet, qui, dès 1832 faisait devant l'Académie de médecine le récit d'une opération, dans laquelle la sensibilité avait été supprimée par le magnétisme.

Dès 1849, Burq constatait l'influence directe des métaux sur l'organisme humain. Il fallut trente ans et l'énergie de M. Charcot, pour que le fait fût officiellement reconnu.

En 1878, le père Didon protestait violemment contre les mécréants qui avaient osé, à l'Exposition, placer, dans la section d'Anthropologie comparée, des singes anthropoïdes !

Aujourd'hui que le mot « impossible » est rayé du dictionnaire des sciences naturelles, l'intolérance se rabat sur le surnaturel, comme si les mêmes sceptiques n'eussent pas déclaré le téléphone et le phonographe impossibles parce que surnaturels. Il restera à M. Bouillaud l'immortelle gloire d'avoir pincé le nez de l'opérateur, qui faisait fonctionner le phonographe à l'Académie, sous prétexte qu'il devait être ventriloque !

Le surnaturel, c'est l'ignoré, c'est l'inconnu.

C'est surtout l'incompris.

N'est-il pas surnaturel que des chenilles et des chrysalides, des larves de la *Tipula Oleracea*, congelées au point de ressembler à de petits morceaux de glace, revivent au premier dégel, que des rotifères qui sont restés desséchés sous une masse de sable pendant quatre années ressuscitent à l'humidité ? Il paraissait surnaturel que l'organique sortit de l'inorganique et cependant le problème d'acides appartenant aux corps gras, des aldéhydes et des alcools, est résolu.

La panique des hommes et surtout des animaux n'est-elle pas inexplicable ?

Est-il naturel de se faire enterrer pendant plusieurs mois et de sortir ensuite de sa tombe en parfaite santé ? Est-il naturel de jeûner pendant un mois de suite ? Est-il naturel, comme les Aissaouas, de manger du verre, de se percer de lames aiguës, de jongler avec des charbons ardents ?

Quoi de plus surprenant que le phénomène de l'audition colorée, sensible cependant pour une personne sur huit, comme l'a établi le professeur Sachs.

Théophile Gautier disait qu'après une absorption de haschisch, il entendait le bruit des couleurs. Les sons lui arrivaient verts, bleus, rouges...

Il est prouvé que le son développe les couleurs d'un tableau. L'œil, aidé par le son, distingue mieux les caractères. Les adeptes du surnaturel « les fous » songent à utiliser ces données dans la thérapeutique. Le son, force inexploitée, —a-t-on assez ri du moteur Keeley ! (1)— développe la faculté du goût, tandis qu'il diminue celle du toucher. La lumière influence également l'odorat, le goût et le toucher.

Allons plus loin : il est absolument surnaturel — donc impossible — qu'un être humain vive de deux vies absolument distinctes, changeant totalement de goûts et de caractères, selon qu'il se trouve dans l'un ou l'autre de ces états, oubliant complètement ce qui s'est passé avant la métamorphose, mais cependant, pendant ces deux vies, se comportant normalement et vaquant à ses occupations ordinaires.

Cet être surnaturel s'appelle cependant Felida X*** et a été suivi de longues années par le docteur Azam (2).

Le surnaturel, c'est-à-dire l'inexplicable, mais il nous entoure, il nous cerne : niera-t-on les pressentiments, niera-t-on qu'en fixant son regard sur telle personne au théâtre, on parvienne à l'obliger à se tourner du côté où on se trouve ? Niera-t-on que vingt fois dans la rue, après avoir cru rencontrer telle personne et s'être aperçu de son erreur on la rencontre réellement quelques instants après ? Niera-t-on que très souvent on éprouve la sensation du « déjà vu » en un endroit où jamais on n'est encore venu ?

____

(1) Dans un prochain volume, nous expliquerons la force motrice du son.

(2). Voir la *Revue Scientifique*, 1882-1883,

Coïncidences ! Effets du hasard ! Hallucinations !

La réponse est facile et présente cet avantage de donner prétexte à la paresse. Les fous estiment, eux, que la plus petite bribe de lumière éclaire un sentier inconnu et ils s'y aventurent, sans souci des huées qui les suivent.

A leur tour, ils demandent à leurs contradicteurs, si réellement ils estiment que la « sécrétion » du cerveau est identique aux autres sécrétions du corps, s'ils peuvent affirmer qu'en dehors de la matière connue, il n'existe pas d'autres états, ne fût-ce que des dilutions au millionième et au cent millionième, si, selon eux, l'électricité, le magnétisme ne seraient pas de la matière divisée en milliards de parties constituantes, et ils ajoutent en suivant les règles de la plus pure logique :

« Pourquoi la pensée, pourquoi la force vitale ne seraient-elles pas une sublimation de la matière ? La pensée, le gaz, le minéral, ne seraient-ils pas des manifestations analogues, en quantités différentes, soumises à des contingences diverses ? Dites, si vous le voulez, qu'en ses divers états, la matière est plus ou moins appréciable à nos sens, que certains sont mêmes insaisissables, nous étudierons alors les sens eux-mêmes qui sont nos instruments d'expérience et nous chercherons si, développés soit par la nature, soit par la sélection, soit par l'exercice, les sens ne parviendront pas à percevoir l'imperceptible et à suivre dans son évolution la matière jusqu'en ses sublimations les plus délicates, à voir et à entendre la pensée, et si comme tout l'indique l'effort de la nature n'est pas épuisé, lorsque l'être humain s'est désagrégé, à suivre encore l'évolution du résidu psychique. »

Et s'il était prouvé d'ores et déjà que des constatations expérimentales, dans le sens le plus sévèrement étroit du mot, ont prouvé l'existence, la réalité d'une évolution psychique, faisant suite à l'évolution animale, s'il était démontré par les témoignages les plus éclatants que cette force psychique existe en nous, qu'elle se manifeste et que par conséquent en vertu de la loi de la conservation de l'énergie, elle doit continuer son évolution alors même que les organes matériels qu'elle anime pendant la vie ont été désorganisés par la mort !

Serait-il réellement possible que des savants, des hommes qui mettent leur orgueil à scruter audacieusement les secrets de la nature, reculassent devant le problème nettement posé, sous prétexte qu'on pourra les accuser de spiritualisme, de charlatanisme, que sais-je ?

Chose triste à dire, en cette voie, la France s'est laissée devancer, nulle part peut-être les préjugés dits sociaux n'étant plus puissants. Mais pour avoir plus longtemps hésité, nos savants regagneront bien vite le terrain perdu. Les travaux des Liébeault, des Charcot, des Dumonpallier, des Bernheim, des Luys, des Bérillon et de tant d'autres nous sont de surs garants de la prochaine révolution scientifique.

Révolution, oui, car il s'agit d'emporter cette absurde bastille de la séparation du domaine matériel et psychique, il faut reconnaître, proclamer les droits de l'investigateur, jusque dans les profondeurs de l'inconnu, de l'à peine entrevu, il faut que soit étudiée dans toutes ses manifestations, si magiques qu'elles paraissent, la force existante et qui n'est pas la force matérielle, qui est douée de propriétés aussi différentes de celles que nous connaissons, que les propriétés de l'électricité sont différentes de celles du levier. Et comme l'électricité et le levier se complètent et s'aident mutuellement, la force psychique, viendra donner un élan nouveau, décisif peut-être à la vie terrestre.

Le mot magique a été écrit plus haut.

La magie est l'utilisation intelligente des forces inconnues, dédaignées ou incomprises. Depuis des siècles, la Magie lutte contre l'intolérance et la persécution ; sans ses protestations, sans cesse renouvelées en dépit des bûchers, des tortures et des mépris, pas une découverte industrielle, utilitaire n'eût été faite.

C'est à la Magie que sont dus tous les progrès de la physique et de la chimie.

La Magie fut toujours humanitaire et socialiste. Elle a toujours travaillé pour le bien-être universel. Contrainte de ne livrer ses secrets qu'un à un, elle n'en a plus conservé qu'un seul, celui de la force psychique. Mais c'est parce qu'elle en a quand même affirmé l'existence que la logique de l'idée en a imposé la recherche aux vrais savants.

Dans cent ans, on élèvera des statues à Paracelse, à Guillaume Postel, à Cardan et à Mesmer... et on s'esclaffera à la lecture des bouquins aujourd'hui officiels — y compris les encyclopédies plus dix-neuvième siècle les unes que les autres — où ces admirables psychistes sont traités comme de vulgaires aliénés. On lit à la fin de la biographie des plus modestes, cette phrase malencontreuse :

« Pendant la plus grande partie de sa vie, il fit preuve de facultés extraordinaires ; par malheur, il s'adonna aux sciences occultes, etc. »

Et la science lumineuse n'est faite que des débris de la science occulte !

Ce secret de la science psychique, a-t-il été réellement surpris, a-t-on constaté scientifiquement cet état radiant de la matière humaine ?..

Ici nous entrons en pleine Magie.

CHAPITRE II

WILLIAM CROOKES

Né en 1832, occupant dans le monde scientifique de son pays la situation la plus haute et la plus enviable, astronome égal aux plus renommés, professeur de chimie, ayant découvert des métaux nouveaux et enrichi la science d'observations géniales, honoré par l'Institut de France d'une récompense exceptionnelle, juré à l'exposition d'électricité de Paris en 1881, inventeur des lampes électriques où la production d'un vide presque parfait augmente considérablement l'intensité de la lumière, ayant comme l'avait fait notre Chevreul rendu à l'industrie et notamment à la teinture les plus signalés services, auteur de traités sur les couleurs d'aniline, ayant consacré de longues années de sa vie à l'assainissement de sa ville natale, une capitale de quatre millions d'habitants, par la reconstitution de son système d'égouts, tel est William Crookes, jusqu'ici, pour le lecteur impartial, type du savant dévoué et intelligent, inventeur du radiomètre, théoricien de la matière radiante, analyste des terres rares par la spectroscopie.

Il ne viendrait à la pensée de personne que ce fût là la biographie d'un fou.

Son nom est en Angleterre l'équivalent de ceux en France de Pasteur, de Wurtz, de Chevreul ou de Berthelot.

Lorsque Crookes affirme l'existence d'une force psychique, ayant ses caractères et son énergie propres agissant en dehors du corps humain, quand, modeste et défiant de lui-même comme tous les vrais savants, il met sous nos yeux le procès verbal des expériences auxquelles il s'est livré, qu'il a contrôlées, non seulement par ses propres sens, mais encore au moyen d'appareils de précision, enregistreurs automatiques identiques à ceux qui lui servent à vérifier les opérations les plus délicates de la physique ou de la chimie, devons-nous à priori supposer qu'il se trompe ou qu'il nous trompe? Pourquoi ce savant, qui ne commet aucune erreur lorsqu'il s'agit des plus difficiles recherches dans les sciences exactes, deviendrait-il tout-à-coup un ignare et un malhonnête homme ?

Du reste, comme nous allons le voir, le plus grand mérite de Crookes est d'avoir fait rentrer les recherches jusqu'alors entourées d'un caractère mystérieux dans le domaine des sciences exactes; en cela il a rendu à l'esprit humain et au progrès un service dont on ne saurait lui être trop reconnaissant. Il ne s'agit plus ici d'incantations, de cérémonies théâtrales, de mystères que nul ne peut connaître : toutes ces expériences peuvent être et ont été en effet cent fois renouvelées.

— William Crookes ne s'affuble pas d'une robe à enluminures cabalistiques et ne se coiffe pas du bonnet pointu de Parapharagaramus : nous avons en face de nous un savant moderne, très simple, très défiant, s'entourant de toutes les garanties imaginables, offrant aux incrédules toutes facilités de vérification. D'ailleurs, depuis qu'il s'est livré à ces expériences, Crookes a-t-il cessé de s'occuper des questions de science pratique ? Dernièrement encore, la *Revue scientifique* publiait ses derniers travaux sur la constitution moléculaire des atomes.

L'année dernière, — 1888, — étant président de la société chimique de Londres, il a provoqué l'admiration de tout le monde savant, en construisant une hypothèse capable de rendre compte de l'origine de ce qu'on pourrait appeler les espèces de la chimie, en prouvant la nécessité d'admettre, notamment dans les bases, l'existence d'une sériation insensible de corps ne constituant pas à proprement parler des éléments distincts, mais séparés seulement par des différences presque insaisissables, quoique réelles, et passant insensiblement d'un état à un autre. Il prouvait par les arguments les plus péremptoires que l'existence des corps simples est une pure pétition de principe et que ceux-là même qui ont encore résisté à toutes les tentatives d'analyse n'en sont pas moins des groupements de molécules, qui ne sont pas absolument identiques, bien que possédant des propriétés semblables.

C'est ce même homme qui a fait les expériences dont il va être parlé, entre un cours de chimie et des études sur les couleurs appliquées à l'industrie. Admettrons-nous qu'ayant l'esprit lucide à midi, il ait été fou à deux heures pour retrouver toute sa rectitude d'esprit le soir ? Se servir de pareils arguments, c'est prouver qu'on manque de bonne foi et de courage pour lutter contre les préjugés. En vérité, il semble qu'on ait peur. Peur de quoi ? De ce que l'inconnu tend à devenir connu, de ce que la porte si longtemps fermée s'entr'ouvre enfin, de ce qu'un domaine tout nouveau se développe devant notre activité ? Qu'y a-t-il d'effrayant dans ce fait qu'un homme peut en de certaines conditions exercer à distance, sur des objets matériels, une action qui semble en contradiction avec les notions reçues ? Est-ce que certains faits qui eussent été stupéfiants à ce point pour nos pères qu'ils n'ont même pas songé à les prévoir, ne sont pas aujourd'hui entrés dans la banalité de l'usage quotidien ? Ainsi ce qui nous semble exceptionnel, impossible aujourd'hui, sera simple aux yeux de nos enfants : ils auront étudié, analysé ces manifestations d'une force que l'exercice développera et réglera, ils s'en empareront et ils les utiliseront pour le bien-être de l'humanité.

Il existe en l'homme une force vitale qu'il peut projeter à distance et par laquelle il peut accomplir certains actes en dehors des conditions ordinaires de préhension et de tact. Tel est l'axiome premier dont Crookes nous a donné la démonstration. Cette force qui existe chez tous, n'est cependant développée jusqu'à produire des effets évidents ou appréciables que chez certains êtres exceptionnels, peu nombreux et que des prédispositions physiques et cérébrales constituent en des sortes d'appareils, produisant ou projetant cette force psychique, et qu'on appelle *médiums*, êtres singuliers dont il sera parlé plus loin avec détail.

Les études de Crookes ont porté sur trois de ces personnalités exceptionnelles, le fameux Douglas Home, mademoiselle Cox et mademoiselle Florence Cook.

« Je ne saurais, dit Crookes, me prononcer sur la cause des faits dont j'ai été témoin : mais que certains phénomènes physiques, tels que le mouvement des substances matérielles et la production de bruits, ressemblant à des décharges électriques, se produisent dans des circonstances où on ne peut les expliquer par aucune loi physique actuellement connue, c'est un fait dont je suis aussi certain que du fait le plus élémentaire de la chimie. Toutes mes études scientifiques n'ont été qu'une longue suite d'observations exactes, et je désire qu'il soit bien compris que les faits que j'affirmerai ici, sont le résultat des recherches les plus scrupuleuses... Le spiritualiste pseudo-savant fait profession de tout connaître ; il parle avec volubilité de toutes les sciences et de tous les arts, submergeant son auditeur sous les termes d'électro-biologie, psychologie, magnétisme animal, véritable abus de mots qui montre l'ignorance plus que le savoir. Le vrai savant a un grand avantage dans des investigations qui déjouent si complètement l'observateur ordinaire. Il a suivi la science dès le commencement, à travers une longue suite d'études, et il sait par conséquent dans quelle direction elle mène, il sait que d'un côté il y a des dangers, de l'autre des incertitudes et d'un troisième côté la vérité presque absolue. Il voit une certaine étendue devant lui, mais quand chaque pas le dirige vers le merveilleux et l'inattendu, les précautions et le contrôle doivent s'accroître plutôt que de diminuer. Le spiritualiste parle de corps pesant 50 ou 100 livres qui sont enlevés en l'air sans l'intervention d'une force connue, mais le savant chimiste est accoutumé à faire usage d'une balance sensible à un poids si petit qu'il en faut dix mille pour faire un grain. Il est donc fondé à se demander que ce pouvoir qui se dit guidé par une intelligence, qui élève jusqu'au plafond un corps pesant, fasse mouvoir, sous des conditions déterminées, sa balance si délicatement équilibrée... le spiritualiste parle de chambres et de maisons secouées par un pouvoir surhumain ; le savant demande simplement qu'un pendule placé sous un globe de verre et reposant sur une solide maçonnerie soit mis en vibration... c'est pour ces raisons et avec ces sentiments que j'ai commencé l'enquête dont l'idée m'a été suggérée par des hommes éminents... »

Le problème était ainsi posé aussi nettement que possible, et en vérité dans des conditions de logique et de sincérité dont on ne saurait ne pas être frappé.

Crookes commença ses expériences avec Daniel Douglas Home, et ce fut à la suite d'épreuves nombreuses qu'il fut amené à affirmer d'une façon positive l'existence de la Force psychique..

En réalité les expériences les plus simples furent les plus probantes en raison de la facilité du contrôle immédiat.

Il serait imposible d'entrer ici dans le détail complet de ces expériences qui ont été décrites tout au long dans le volume de Crookes : *Nouvelles expériences sur la Science Psychique* (1) et par M. Paul Gibier, dans son *Fakirisme occidental* (2) ; cependant nous en donnerons quelques-unes, au risque de faire double emploi avec ces publications :

« Parmi les remarquables phénomènes qui se produisent, écrit-il, sous l'influence de M. Home,

(1) 1 vol. Librairie Spirite.
(2) 1 vol. Doin.

les plus frappants et ceux qui se prêtent le mieux à l'examen scientifique sont : 1° l'altération du poids des corps ; 2° l'exécution d'airs sur des instruments de musique, généralement sur l'accordéon, à cause de sa facilité de transport, sans intervention humaine directe et sous des conditions qui rendent impossible tout contact des mains ou des pieds avec les clefs.

Les précautions prises étaient telles qu'on pouvait les attendre d'un expérimentateur, difficile à convaincre et expert au maniement des instruments de précision. L'accordéon devait être tenu par Home, dans l'intérieur d'une sorte de cage. Ses doigts n'en touchaient que l'extrémité supérieure. Son autre main et ses pieds étaient tenus par les assistants. L'accordéon était neuf, Crookes l'avait acheté et apporté lui-même. On vit l'accordéon se balancer, puis des sons en sortirent, enfin plusieurs notes furent jouées successivement. On constatait en même temps que la main qui tenait l'accordéon était parfaitement immobile et que l'autre reposait sur la table. Aussi il arriva que M. Home éloignât tout à fait sa main de l'accordéon et que celui-ci continuât à jouer.

« M. Home posait ses doigts sur l'extrémité d'une planche dont l'autre extrémité était suspendue à une balance, et l'index de la balance indiquait une surcharge de cent pour cent. Or en admettant qu'il fût possible à M. Home d'exercer une pression, elle eut produit un effet diamétralement opposé à l'effet produit. »

Dès que M. Crookes publia ces premiers faits, confirmés par les témoignages les moins contestables, deux camps se formèrent : selon les uns, il n'y avait là que jongleries indignes d'hommes sérieux, d'autres au contraire partaient de ces données positives pour s'envoler dans la région des rêves et tiraient de ces prémisses des conclusions qui ne tendaient à rien moins qu'à imaginer de toutes pièces une anthropogénie et une cosmogonie dans le sens spiritualiste le plus absolu. Comme si une déviation aux lois de la gravitation devait avoir pour conséquence immédiate l'établissement d'une église nouvelle, avec bénéfices et prébendes.

Crookes eut à subir de pénibles épreuves, on allait jusqu'à accuser sa bonne foi ; ceux qui d'abord avaient été frappés de la réalité des phénomènes cherchaient à dégager leur responsabilité. Mais le savant n'était pas homme à se laisser intimider ni décourager.

« La science, a dit un de ses contemporains, sir William Thomson, est tenue, par l'éternelle loi de l'honneur, à regarder en face et sans crainte tout problème qui peut franchement se présenter à elle. »

Du reste, dès le premier moment, Crookes formulait la loi vraie : ces phénomènes ne présentaient à ses yeux que les reflets d'une action naturelle dont la loi n'était pas encore formulée.

Il était d'ailleurs encouragé à poursuivre ses

études et par tous les gens de bonne foi, et par cette conviction que d'autres avaient déjà obtenu des résultats identiques, notamment, en France, le comte Agénor de Gasparin un des hommes de la génération précédente, les plus estimés, en Suisse, M. Thury, professeur à l'Académie de Genève, concluant tous deux à la réalité des phénomènes de forces psychiques.

Une remarque en passant. Ouvrez le Larousse à l'article Gasparin, et vous n'y trouverez, au milieu de détails biographiques très complets, pas un mot qui fasse allusion à ces travaux, seulement dans la bibliographie le titre de son livre (1), perdu au milieu des autres publications politiques. On sent que le rédacteur de l'article a préféré passer sous silence cette folie d'un homme estimable. Et pourtant dans cinquante ans d'ici, plus tôt peut-être, on recherchera ce livre pour prouver une fois de plus que la France, la première, a découvert une science nouvelle, mais en a, comme toujours, abandonné le développement à l'étranger.

Crookes se remit au travail, exagérant en quelque sorte les précautions prises : il employa des instruments de vérification, à enregistrement plus délicat encore, traçant des graphiques témoins des résultats obtenus. On pouvait peut-être le fasciner, lui et les témoins, mais les mouvements d'horlogerie ne se fascinent pas. Et il

(1) *Des Tables tournantes, du Surnaturel et des Esprits*, 1854, 2 vol. in-18.

constata, de la façon la plus formelle, l'existence
d'une force — ce sont ses propres expressions —
associée, d'une manière encore inexpliquée, à
l'organisme humain, force par laquelle un sur-
croît de poids peut être ajouté à des corps solides
sans contact effectif. En même temps, il acqué-
rait la preuve qu'en vertu de cette loi qu'une
force ne peut se manifester sans la dépense cor-
respondante de quelque autre genre de force,
l'émission de la force psychique est accompagnée
d'un épuisement correspondant de la force vitale.

Bien entendu les critiques, voire même les in-
jures, ne lui firent point défaut : mais rien ne le
détourna de la route qu'il s'était tracée, et en
1874, il publia le compte rendu d'expériences (1)
tellement extraordinaires, qu'il faut pour y attacher quelque attention se souvenir que depuis
cette époque Crookes a donné comme auparavant
des preuves indéniables de son esprit scientifique
et de sa puissance d'intuition.

Rappelons encore que ce fut plusieurs années
après que ses découvertes relatives à la lumière
électrique, ses travaux sur la genèse des éléments prouvèrent que, loin de s'affaiblir, ses
facultés au contraire avaient pris une force nouvelle.

Pourquoi d'ailleurs ces précautions oratoires?
Parce que les nouvelles expériences du savant

____

(1) Nouvelles expériences sur la force psychique. — 1 vol.
Leymarie, éditeur.

anglais devaient amener une véritable révolution dans des systèmes positifs, autoritaires qui n'admettaient plus la discussion. C'était la magie renouvelée, c'était l'évocation des morts, des fantômes prouvée possible, c'était en un mot la liberté de 'pensée et d'étude reprenant sa marche, en dépit des limites que voulait lui imposer ce qui s'appelait à tort la Libre-Pensée. De plus, on se sentait entraîné vers le surnaturel et les préjugés ambiants ont laissé au fond de toutes les consciences une vague peur des spectres, alors même qu'on nie la possibilité de ces apparitions.

Il disait d'ailleurs lui-même :

« Les divers phénomènes que je viens attester sont tellement extraordinaires et si complètement opposés aux points de croyance scientifiques les plus enracinés, que même en ce moment, en me rappelant les détails de ce dont j'ai été témoin, il y a antagonisme dans mon esprit entre ma raison qui dit que c'est scientifiquement impossible et le témoignage de mes deux sens du toucher et de la vue, témoignage corroboré par les sens de toutes les personnes présentes... supposer qu'une sorte de folie et d'illusion soit venue fondre soudainement sur toute une réunion de personnes intelligentes, saines d'esprit partout ailleurs, qui sont d'accord sur les moindres particularités et les détails des faits dont elles sont témoins, me paraît plus incroyable même que les faits qu'elles attestent. »

Nous passons sur tous les faits qui ont un caractère en quelque sorte matériel et que nous retrouverons plus loin, dans les expériences toutes recentes de M. Mac Nab.

Objets pesants enlevés de terre sans le contact du médium, enlèvement de corps humains, en plein jour, ces effets ont été tant de fois-observés que les plus sceptiques se rendent à l'évidence.

Mais où nous entrons dans un domaine tout nouveau, c'est lorsque la force psychique se manifeste en apparitions humaines, partielles,ou totales.

En réalité, la conscience et la raison s'accommodent encore assez facilement d'effets matériels produits à distance par une force qu'on est tenté d'identifier avec l'electricité ou même le magnétisme animal. Les expériences des Bernheim, des Charcot et des Luys ont familiarisé l'esprit avec des phénomènes qu'on assimile instinctivement à ceux dont nous avons jusqu'ici parlé.

Mais quand tout à coup, ces explications, plus spécieuses que sérieuses, font défaut, quand on comprend qu'aucune notion acquise ne peut rendre compte de ce qui est, quand surtout les observations faites semblent, ce qu'elles sont en réalité, une réhabilitation éclatante de sciences autrefois maudites, à coup sûr oubliées, alors la résistance s'accentue.

Depuis Voltaire, Diderot et Auguste Comte, on avait son siège fait : il n'y avait plus à compter avec d'autres forces que celles qui sortent d'un laboratoire de chimiste ou d'une usine d'industriel. Soudain tout change.

Prenons ce simple fait bien simplement décrit par Crookes :

« Une petite main d'une forme très belle s'éleva d'une table de salle à manger et me donna une fleur : elle apparut, puis disparut à trois reprises différentes, en me donnant toute facilité de me convaincre que cette apparition était aussi réelle que ma propre main. Ceci se passa à la lumière, dans ma propre chambre, les pieds et les mains du médium étant tenus par moi pendant ce temps... nombre de fois, moi-même et d'autres personnes avons vu une main pressant les touches d'un accordéon, pendant qu'au même instant nous voyions les deux mains du médium qui quelquefois étaient tenues par ceux qui étaient près de lui. Les mains et les doigts ne m'ont pas paru toujours être solides et comme vivants. Quelquefois, il faut le dire, ils offraient plutôt l'apparence d'un nuage vaporeux, condensé en partie sous forme de main. Tous ceux qui étaient présents ne le voyaient pas également bien. Par exemple on voit se mouvoir une fleur ou quelque autre petit objet, un des assistants verra une vapeur lumineuse planer au dessus, un autre découvrira une main d'apparence nébuleuse, tandis que d'autres ne verront rien autre que la fleur en mouvement. J'ai vu plus d'une fois d'abord un objet se mouvoir, puis un nuage lumineux qui semblait se former au-dessus de lui, et enfin le nuage se condenser, prendre une forme et se changer en une main parfaitement faite. A ce moment toutes les personnes présentes pouvaient voir cette main. Cette main n'est pas toujours une simple forme, quelquefois elle semble animée et très gracieuse : les doigts se meuvent et la chair semble être aussi humaine que celle de toutes les personnes présentes. Au poignet ou au bras, elle devient vaporeuse et se perd dans un nuage lumineux. Au toucher ces mains paraissent quelquefois froides comme de la glace et mortes : d'autres fois elles m'ont semblé chaudes et vivantes et ont serré la mienne avec la chaude étreinte d'un vieil ami. J'ai retenu une de ces mains dans la mienne, bien résolu à ne la pas laisser échapper. Aucune tentative ni aucun effort ne furent faits pour me faire lâcher prise, mais peu à peu cette main sembla se résoudre en vapeur et ce fut ainsi qu'elle se dégagea de mon étreinte. »

Une autre fois, M. Home étant le médium, une forme de fantôme s'avança d'un coin de la chambre, alla prendre un accordéon et ensuite glissa dans l'appartement en jouant de cet instrument. Cette forme fut visible pendant plusieurs minutes pour toutes les personnes présentes et en même temps on voyait M Home. Le fantôme s'approcha d'une dame qui était assise à une certaine distance du reste des assistants : elle poussa un petit cri et l'ombre disparut.

Mais tous ces faits, si étranges qu'ils fussent,

devaient pâlir auprès de la manifestation stupéfiante que M. Crookes obtint, grâce à une jeune fille médium, nommé Florence Cook.

Agée d'environ seize ans, miss Cook était de santé délicate, assez jolie, très douce. Douée d'une extraordinaire faculté de médiumnité, elle avait consenti à se prêter aux observations de M. Crookes : elle a demeuré chez lui des semaines entières, restant pendant tout le jour auprès de madame Crookes, ne dormant jamais seule. Elle était continuellement surveillée, épiee même, et il lui eut été matériellement impossible de préparer une supercherie quelconque, alors même qu'il eut été loisible de simuler — par quels moyens ? — des manifestations semblables à celles qui se produisirent.

Un fantôme sortait du corps de Florence Cook, plus qu'un fantôme, car la forme de cette apparition était tangible, marchait, parlait et se laissait approcher, restant comme une invitée vivante au milieu des assistants qui pouvaient la toucher.

Les scènes se passaient dans la bibliothèque de de M. Crookes, qui servait de cabinet au médium séparé de l'assistance par un rideau, qui fermait la porte du laboratoire où se trouvaient ces derniers.

Il convient d'insister sur ce point que miss Cook entrait seule dans le cabinet et que peu d'instants après sa disparition, le rideau se soulevait, puis apparaissait l'autre forme, vêtue de blanc, coiffée d'une sorte de turban, et de visage gracieux. Elle avait dit se nommer Katie King.

L'objection première, c'est que tout se passait dans l'obscurité; en somme, malgré toutes les précautions prises, l'apparition pouvait n'être autre que miss Cook elle-même jouant un rôle de spectre avec une perfection plus ou moins grande. Elle n'échappait pas à Crookes, mais, en savant méthodique à qui l'expérience avait appris qu'il ne faut jamais brusquer un médium, sous peine de le trouver rebelle à toute expérience ultérieure, sans parler des dangers qu'on pourrait lui faire courir — jusqu'à la mort inclusivement, — il s'appliqua à gagner la confiance et du médium, miss Cook, et de l'apparition Katie King. Ainsi il obtint la permission de se servir d'une lampe à phosphore, consistant en une bouteille de 6 à 8 onces, qui contenait un peu d'huile phosphorée et qui était solidement bouchée.

« J'avais, dit Crookes, de solides raisons pour espérer qu'à la lumière de cette lampe quelques-uns des mystérieux phénomènes du cabinet pourraient se rendre visibles et Katie espérait, elle aussi, obtenir le même résultat.

« Le 12 mars 1874, pendant une séance chez moi et après que Katie eut marché au milieu de nous, qu'elle nous eut parlé pendant quelque temps, elle se retira derrière le rideau... au bout d'un moment elle revint au rideau et m'appela vers elle en disant : Entrez dans la chambre et soulevez la tête de mon médium, elle a glissé à terre. Katie était alors devant moi, vêtue de sa robe blanche habituelle et coiffée de son turban. Immédiatement je me dirigeai vers la bibliothèque et Katie fit quelques pas de côté pour me laisser passer. En effet mademoiselle Cook avait glissé en partie du canapé et sa tête penchait dans une situation très pénible. Je la remis sur le canapé, et en faisant cela, j'eus malgré l'obscurité la vive satisfaction de constater que mademoiselle Cook n'était pas revêtue du costume de Katie, mais qu'elle portait son vêtement ordinaire de velours noir et se trouvait dans un état de profonde léthargie. Il ne s'était pas écoulé plus de trois secondes entre le moment où je vis Katie en robe blanche et celui où je relevai miss Cook. »

En une autre séance, M. Crookes écrit :

« Jamais Katie n'était apparue avec autant de perfection : pendant près de deux heures, elle se promena dans la chambre, en causant familièrement avec ceux qui étaient présents. Plusieurs fois elle prit mon bras en marchant et l'impression ressentie par mon esprit était que c'était une femme vivante qui était à mon côté. Pensant donc que si je n'avais pas un esprit auprès de moi, il y avait tout au moins une dame, je lui demandai la permission de la prendre dans mes bras. Cette permission me fut gracieusement donnée ; j'en usai convenablement, comme tout homme bien élevé l'eût fait dans ces circonstances. Le fantôme était un être aussi matériel que mademoiselle Cook elle-même... j'entrai dans le cabinet avec précaution, il y faisait noir et ce fut à tâtons que je cherchai mademoiselle Cook. Je la trouvai accroupie sur le plancher. M'agenouillant, je laissai l'air entrer dans ma lampe et à sa lueur, je vis cette jeune dame vêtue de velours noir, comme elle était au·début de la séance et paraissant complètement insensible. Elle ne bougea pas quand je pris sa main et tins la lumière tout à fait près de son visage, mais elle continua à respirer paisiblement.

« Élevant la lampe, je regardai autour de moi, et je vis Katie qui se tenait debout tout près de mademoiselle Cook et derrière elle. Elle était vêtue d'une draperie blanche et flottante. J'élevai et j'abaissai la lampe tant pour éclairer la figure entière de Katie que pour me rendre compte que je voyais bien réellement la vraie Katie que j'avais pressée dans mes bras quelques minutes auparavant et non le fantôme d'un esprit malade. Elle ne parla pas, mais elle remua la tête en signe de connaissance. Par trois fois différentes j'examinai soigneusement mademoiselle Cook accroupie devant moi, pour m'assurer que la main que je tenais était bien celle d'une femme vivante, et à trois reprises différentes, je tournai ma lampe vers Katie pour l'examiner avec une attention soutenue ; j'eus la conviction absolue qu'elle était bien là devant moi. A la fin, mademoiselle Cook fit un mouvement et aussitôt Katie me fit signe de m'en aller. Je me retirai alors dans une autre partie du cabinet et cessai alors de voir Katie, mais je ne quittai pas la chambre jusqu'à ce que mademoiselle Cook se fût éveillée et que deux des assistants eussent pénétré avec de la lumière.

M. Crookes a soigneusement noté les différences qui existaient entre mademoiselle Crook et l'apparition. Katie était plus grande de quatre pouces.

Mademoiselle Cook avait au cou une cicatrice qui ne se voyait pas sur celui de Katie, dont de plus les oreilles n'étaient pas percées comme celles du médium.

Enfin M. Crookes prit plusieurs photographies de Katie King : il était arrivé à entrer dans le cabinet toutes les fois qu'il le voulait et voyait souvent Katie en même temps que mademoiselle Cook. Pendant les séances photographiques, Katie enveloppait la tête de son médium avec un châle, pour empêcher que la lumière tombât sur son visage ; les sept ou huit personnes qui se trouvaient dans le laboratoire ont souvent vu Katie et mademoiselle Cook, à la lumière brillante de l'électricité.

Katie était fort jolie et M. Crookes n'en parle qu'avec enthousiasme. Elle disait avoir vécu dans l'Inde, racontait les aventures de sa vie passée. Elle ne pouvait apparaître que pendant trois années et après ce temps elle devrait quitter son médium.

Il est à remarquer que M. Crookes a gardé la plus grande discrétion au sujet des révéla-

tions qui lui auraient été faites par Katie King.
Peut-être plus tard complétera-t-il ces renseigne-
ments.

Quand Katie dut quitter mademoiselle Cook,
M. Crookes se trouva avec l'apparition auprès du
médium ; Katie causa avec lui, puis elle traversa
la chambre pour aller à mademoiselle Cook qui
gisait inanimée sur le plancher. Se penchant sur
elle, Katie la toucha et lui dit :

— Éveillez-vous, Florence, éveillez-vous, il
faut que je vous quitte maintenant!

Mademoiselle Cook s'éveilla et tout en larmes,
supplia Katie de rester quelque temps encore : —
Ma chère, répondit Katie, je ne le puis pas.
Ma mission est accomplie. Que Dieu vous béni-
nisse !

Elle disparut.

« Quant à imaginer, conclut M. Crookes,
qu'une innocente écolière de quinze ans ait été
capable de concevoir et de mener à bien pendant
trois ans une aussi gigantesque imposture que
celle-ci, que pendant ce temps elle se soit sou-
mise à toutes les conditions qu'on a exigées
d'elle, qu'elle ait supporté les recherches les
plus minutieuses, qu'elle ait voulu être inspectée
à n'importe quel moment, soit avant, soit après
les séances, qu'elle ait obtenu encore plus de
succès dans ma propre maison que chez ses pa-
rents, sachant qu'elle y venait pour se soumettre
à de rigoureux essais scientifiques, quant à imaginer, dis-je, que la Katie King des trois der-

nières années est le résultat d'une imposture, cela fait plus de violence au bon sens et à la raison que de croire qu'elle est ce qu'elle affirme elle-même... »

Le récit de la dernière apparition de Katie a été fait dans des termes identiques par un des témoins, M. Ross Church.

D'après ce témoin, Katie disait qu'elle ne pourrait désormais ni parler ni montrer son visage; qu'en accomplissant pendant trois ans ces manifestations physiques, elle avait passé une vie pénible pour expier ses fautes (1). Qu'elle était résolue à s'élever à un degré supérieur de la vie spirituelle, que ce ne serait qu'à de longs intervalles qu'elle pourrait correspondre par écrit avec son médium, mais que ce médium pourrait toujours la voir au moyen de sa lucidité magnétique.

Pour se convaincre de la réalité des phénomènes produits par Miss Cook ou prouver une supercherie, un des premiers électriciens d'Angleterre, M. Varley, membre de la Société royale, fit usage d'une batterie galvanique et d'un système de fils. Il lança un courant à travers le corps de Miss Cook au moyen de plaques de métal fixées à ses bras. L'appareil était si délicat que le moindre mouvement était immédiatement dénoncé, et il était impossible à la jeune femme de s'habiller pour jouer au fantôme sans briser le

(1) On verra plus loin qu'un élémentaire ne peut avoir que les idées dont il était imbu pendant sa vie.

courant. Encore dans ces conditions, la forme fluidique apparut, montra ses bras, parla, écrivit et toucha plusieurs personnes. Ceci se passa non dans la maison du médium, mais dans la demeure privée d'un gentleman du West-End de Londres. Pendant près d'une heure le courant ne subit aucune interruption, et à la fin de cette expérience Miss Cook fut trouvée dans un état profond de trance.

M. Robert Dale Owen témoigne avoir vu la forme fluidique sortir d'un cabinet vide, alors que le médium était visible et assis au milieu des spectateurs. En nombreuses circonstances, ces apparitions ont été vues, en forme solide, vivant, marchant, parlant, disparaissant puis reparaissant, quelquefois la tête en bas.

Tels sont les faits stupéfiants, invraisemblables, ridicules si l'on veut que certifie l'une des plus grandes autorités scientifiques de l'Angleterre. Inutile de dire que la France officielle a traité ces travaux avec le mépris le plus absolu. Crookes est un halluciné, rien de plus. Certes il jouit d'une parfaite raison quand il dissocie l'yttrium ou qu'il multiplie la force des lampes électriques. On concède bien que les phénomènes de soulèvement des objets materiels, de bruits, voire même d'écriture directe rentrent dans les contingences possibles, mais quant à l'apparition de Katie King, c'est tout au plus si on ne prononce pas le mot d'imposture. En tout cas, pauvre homme, peut-on être aussi niais que cela !

On lui reconnaît une âme bonne et sensible, mais il s'est laissé séduire en présence de sa femme et de ses amis, s'entend, — par une enfant habile et plus perverse qu'on ne se peut imaginer. Pour ces raisonneurs de parti pris, miss Cook et Katie ne sont qu'une seule et même personnalité et quand M. Crookes les voyait, ainsi que les autres spectateurs, l'une à côté de l'autre, tous se trompaient ! tous mentaient ! Il y avait un mannequin dans le cabinet.

Toute cette discussion extra-scientifique se trouve dans un volume d'ailleurs fort intéressant, mais, que l'auteur nous permette de le lui dire, quelque peu fantaisiste, publié sous ce titre : *La fin du monde des Esprits* (1).

On affecte de confondre les expériences de Crookes avec les séances banales de spiritisme où on évoque l'âme de Socrate ou de Napoléon.

Il semble qu'on éprouve une colère contre cette science nouvelle, qui n'en est encore qu'au rudiment ; on dirait que si Katie King est réellement apparue, c'est une sorte d'injure personnelle qui nous est faite par les habitants d'un autre monde. Quiconque heurte nos convictions en a menti. Voyons, Crookes est-il le seul qui ait constaté scientifiquement de semblables phénomènes ?

C'est ce que nous allons examiner.

(1) 1 vol. Kolb.

CHAPITRE III

Il est un moyen fort simple d'en finir avec ces études troublantes, c'est de rejeter en bloc toutes les expériences faites, de déclarer bien haut que tous ceux qui se livrent à ces recherches sont des fous ayant pour complices tous ceux qui les entourent, ou des imbéciles d'une telle envergure, que tous les Jocrisses passés, présents et futurs, sont des aigles auprès d'eux. Qu'importe que Crookes fasse sur le terrain de la science officielle, voire même industrielle, des découvertes de premier ordre, il a une fêlure, voilà tout, et on passe en le plaignant.

Le plus curieux, c'est qu'on accepte aujourd'hui, sans les discuter, des faits qui au siècle dernier, et dans la première partie de celui-ci, passaient pour de honteuses jongleries.

Le magnétisme de Mesmer, débaptisé, a reparu sous le titre d'hypnotisme, et on se garderait bien, malgré les analogies les plus frappantes, de comparer les effets du baquet magique à ceux d'un objet brillant, tenu devant les yeux du patient. Quant à la suggestion, elle est chose toute nouvelle (1), et on se refuse à la retrouver dans les exorcismes, dans les passes magnétiques, dans toutes les manifestations de la Magie la plus antique. Aujourd'hui elle a acquis droit de cité, elle a conquis ses parchemins de haute lutte.

Or, qu'est-ce que la suggestion? M. Paul Janet la définit ainsi :

« La suggestion est une opération par laquelle, dans le cas d'hypnotisme, ou peut-être dans certains états de veille à définir, on peut, à l'aide de certaines sensations, mais surtout à l'aide de la parole, provoquer dans un sujet nerveux bien disposé une série de phénomènes plus ou moins automatiques, le faire parler, agir, penser, sentir comme l'on veut, en un mot le transformer en machine. »

Ne semble-t-il pas qu'il y ait là une opération plus délicate, plus difficile à accomplir que l'action à distance sur la matière. La volonté d'un être humain peut, en de certaines conditions, exercer un effet puissant sur la personnalité d'un autre être, dit sujet, pourvu qu'il se trouve

____

(1) Il y a cinquante ans, tous les phénomènes de la suggestion, y compris l'ordre à échéance, ont été décrits par le Dr Bertrand, — *Traité du somnambulisme*, 1823. — Naturellement on n'en a tenu aucun compte. C'est ainsi que le Dr Alibert, au commencement de ce siècle, avait découvert l'inoculation de la rage.

dans les conditions de préparation, d'aptitudes
nécessaires. Semblerait-il plus illogique qu'un
être humain, dans des conditions de préparations,
d'aptitudes spéciales, pût agir sur la matière dite
inerte, pour ne parler que de ces phénomènes?

La logique concluerait plutôt en sens contraire, puisque la volonté du sujet est une force
contre laquelle l'opérateur est obligé de lutter, et
qu'il ne rencontre pas en face de lui dans la matière.

'Mais, quoi qu'on en dise, les phénomènes
médiumnimiques s'imposent : nombre de chercheurs apportent chaque jour des faits nouveaux
et que la bonne foi ne peut pas mettre en doute.
Certes, il se fait beaucoup plus d'expériences
qu'il n'en est révélé. A l'heure qui sonne, il faut
un certain courage pour venir heurter de front
des préjugés d'autant plus tenaces qu'ils se sentent plus violemment ébranles. Il en est plus
d'un qui doit compter avec le souci d'une situation acquise, avec les défiances qui attendent
quiconque quitte le chemin frayé : se dire témoin
convaincu de phénomènes inacceptés, c'est re-
noncer de gaîté de cœur aux complaisances officielles, aux protections bénévoles, c'est s'isoler,
et, en notre temps comme toujours, le *Vae Soli!*
est une vérité.

Crookes est-il cependant le seul savant qui
ait eu l'audace de rompre en visière avec la routine, et de ne point reculer devant les malveil-
lances impertinentes et soupçonneuses ?

Un mot d'ailleurs sur le fameux médium Home.

Il suffit de lire le livre qui a été publié sous son nom pour se convaincre qu'il était d'une intelligence au-dessous de l'ordinaire. détail qui a son importance, quand on lui fait cet honneur d'admettre qu'il a trompé pendant vingt ans les hommes les plus éminents de l'Europe, ayant tous commencé leurs expériences avec un sentiment absolu de défiance, et qui ne se sont rendus à l'évidence qu'après avoir épuisé tous les moyens de contrôle.

Quel doute peut exister à propos du fait suivant :

« Un des phénomènes les plus étranges produit par Home est sans contredit l'épreuve du feu. Étant en état de *trance*, il prend un charbon ardent au milieu du foyer et le porte à la main, marchant à travers la chambre, et chacun peut s'assurer que c'est bien un réel charbon. Mais il fait plus, il communique son pouvoir d'incombustibilité à autrui : ainsi il plaça un charbon ardent sur la tête d'un vieillard, M. Hall, ramena les cheveux blancs par dessus le charbon, de telle sorte qu'ils ressemblaient à des fils d'argent. Les cheveux ne furent pas brûlés.

« On a vu Home se tenir, la face dans le feu, les cheveux pendant sur les charbons.

« Il posait un charbon ardent sur un journal, et pas la moindre trace de brûlure n'apparaissait. »

Lord Lindsay, qui témoigne de ces faits, a tenu

maintes fois dans sa main des charbons que Home y plaçait, et a dû les laisser échapper.

M. Harrison le vit une fois prendre un énorme morceau de charbon, le porter sur sa main ouverte à travers la pièce. La lueur rouge éclairait les murs, et quand Home revint vers les assistants, ils sentirent encore au visage une impression de vive chaleur.

Ce phénomène a d'ailleurs été répété nombre de fois devant nombre de témoins.

Nous ne rappelons que pour mémoire le fait de l'accordéon. M. Home jouait du piano d'une main et de l'autre tenait suspendu un accordéon qui jouait seul et accompagnait-le piano.

John W. Edmonds, Président de la Cour suprême du district de New-York, est connu pour un des légistes les plus intègres et les plus savants : tous le reconnaissent pour un magistrat d'élite et un bon citoyen.

Voici ce qu'il dit, entres autres choses.

« Devant me trouver le soir en présence d'un médium, je m'assis dans ma chambre et je préparai soigneusement une série de questions. Or, le médium répondit à toutes mes questions et dans l'ordre même où je les avais rédigées, et cela, sans que j'eusse sorti mon carnet de ma poche. Il m'a été parlé de mes plus secrètes pensées, dont jamais je n'avais soufflé mot à âme vivante.

« Pendant que je voyageais dans le centre de l'Amérique, mes amis furent tenus au courant, jour par jour, des incidents de mon voyage et de l'état de ma santé : ils tinrent un journal qui se trouva complètement d'accord avec celui que je rédigeais moi-même quotidiennement. »

La fille de John Edmunds est elle-même un médium remarquable :

« Elle ne sait, dit-il, en dehors de sa langue maternelle que quelques mots de français. A l'état de trance, elle parle neuf ou dix langues, avec la facilité d'un national.

« Un soir, comme douze ou quinze personnes étaient dans le salon, M. E. D. Green, un artiste, arriva accompagné d'un étranger qu'il nous présenta, M. Evangélidès, un Grec. Un esprit lui parla par l'intermédiaire de Laura.

Elle lui donna tant de détails qu'il reconnut un de ses amis, mort chez lui quelques années auparavant et dont il n'avait jamais plus entendu parler. M. Evangélidès demanda alors si Laura le comprendrait s'il parlait grec, et pendant plus d'une heure, l'entretien se prolongea en grec, de la part de l'étranger, partie, en grec, partie en anglais de la part de ma fille. Parfois elle ne comprenait pas les idées qui s'échangeaient entre elle et lui. D'autres fois, elle le comprenait, quoi qu'il s'exprimât en grec, et savait ce qu'elle disait, quoi qu'en grec.

Voici quelques faits recueillis par M. Robert Dale Owen, membre du Congrès Américain et Ministre des États-Unis à Naples :

« En 1855, en présence de Home, dans un

appartement bien éclairé, une table et une lampe, le tout pesant environ 86 livres, s'éleva à environ dix pouces au dessus du plancher et resta suspendu en l'air pendant six ou sept secondes.

« A un dîner donné par un français, le comte d'Ourches, il vit le 1er octobre 1858, en pleine lumière, une table à manger de six personnes, toute garnie de son service, s'enlever, puis retomber (1).

Thackeray, le romancier, auteur de *Vanity fair*, absolument sceptique, vit à New-York une grande et lourde table, couverte de porcelaines et de cristaux, s'élever de deux pieds au-dessus du plancher.

Laissons maintenant la parole à l'un des hommes les plus éminents de l'Angleterre, Albert Russel Wallace.

Quelques lignes de biographie ne seront pas inutiles.

A. R. Wallace est né en 1822, a reçu l'éducation la plus complète, a visité les Amazones en 1848, a publié ses notes de voyage en 1852, a étudié l'archipel Malaisien et en 1869 a étonné le monde savant par son adhésion absolue à la théorie de la sélection naturelle. Lauréat de toutes les sociétés savantes, y compris la société de géographie de France, il a publié en 1875 un court travail sur les miracles du spiritualisme moderne. En 76, il était élu président de la sec-

____

(1) On miracles and modern spiritualism — 1881.

tion de Biologie au Congrès de Glascow. En 1880, il enrichissait la science d'observations intéressantes sur la faune et la flore des principales îles du globe. Nous signalerons, pour mémoire, de nombreux travaux sur la mauvaise distribution de la propriété en Angleterre.

— Wallace ne peut passer pour un illuminé ; or, voici son récit textuellement traduit :

« Mes premières expériences datent de 1844, alors que j'étais professeur dans une école des comtés de Mitland. M. Spencer Hall faisait alors des conférences sur le Mesmérisme, et j'y assistais avec mes élèves. Je m'intéressais beaucoup à ces études, et je les poursuivais avec ardeur, me livrant à de nombreuses expériences, afin de me préserver de toute illusion. Nombre de ces expériences sont gravées dans ma mémoire aussi nettement que si elles avaient eu lieu hier et je vais exposer les plus remarquables.

« Je mis en état de trance deux ou trois de mes élèves de douze à seize ans, très facilement et je m'assurai sans doute aucun, par la situation de l'œil, de la sincérité de leur état. Je plaçais mon doigt sur un des organes indiqué par la phrénologie et toujours les effets correspondants se produisaient de la façon la plus curieuse. Pendant longtemps, je crus que c'était ma volonté propre qui agissait, mais je me convainquis de mon erreur, en constatant que très souvent l'effet produit n'était pas celui que j'attendais, mais celui qui correspondait à la place que j'avais touchée.

« La sympathie de sensation entre moi et mes sujet, est la chose la plus bizarre que j'aie jamais vue. Quand je leur tenais la main, ils avaient les sensations de goût ou d'odorat que j'avais moi-même. »

Wallace expose ainsi certains faits de catalepsie provoquée et de suggestion.

Puis il continue :

« Pendant douze années de voyages tropicaux, j'entendis parler des étranges phénomènes qui se produisaient en Amérique sous le nom de Tables Tournantes et d'Esprits Frappeurs. Sachant par mes propres connaissances en Mesmérisme que ces mystères étaient étroitement liés avec les phénomènes de l'intelligence humaine, que la science moderne ignore parce qu'elle ne peut les expliquer, je saisis la première occasion favorable, à mon retour chez moi, pour les examiner. Je dois faire observer que pendant trente-cinq années de ma vie, j'avais été un parfait sceptique quant à l'existence d'êtres en dehors ou au-dessus de l'humanité et que je n'avais jamais admis que les faits exposés par les spiritualistes pussent être vrais. Si, depuis lors, mes opinions ont changé, c'est en raison de preuves absolues. Ce n'est pas par peur du néant que je me suis livré à ces études, ce n'est pas non plus par espérance d'une vie éternelle que je crois à des faits qui la rendent tout au moins probable. Trois fois j'ai été en danger de mort, et chaque fois j'ai éprouvé un très sincère regret à quitter la terre pour m'endormir d'un sommeil qui pourrait n'avoir pas de réveil. Je n'avais, à vrai dire, ni craintes, ni espérances, parce que je savais que, quelle que fût ma croyance, elle ne changerait rien à la réalité, quelle qu'elle fût.

Production de fleurs et de fruits dans une chambre close. — La première fois que j'assistai à ce phénomène, dit Wallace, c'était dans mon propre domicile. Toutes les personnes présentes étaient de mon intimité. Miss Nichol (le médium) vint de bonne heure pour prendre le thé : on était au milieu de l'hiver, et elle était restée pendant quatre heures avec nous dans une pièce chauffée au gaz. Le fait essentiel est que, sur une table vide qui se trouvait dans une petite chambre fermée et obscure, la chambre attenante et le passage étant complètement éclairés, une quantité de fleurs apparut qui ne s'y trouvait pas, quand, quelques minutes auparavant, nous avions éteint le gaz. C'étaient des tulipes, des anémones, des chrysanthèmes, des primeroses de Chine. Elles étaient absolument fraîches, comme si elles venaient d'être cueillies dans une serre. Elles étaient couvertes d'une fine rosée, froide. Pas un pétale n'était froissé, ni brisé, pas un brin ne manquait. J'ai fait sécher et j'ai conservé le tout, en y attachant une attestation de toutes les personnes présentes, affirmant qu'aucune d'elles n'avait apporté les fleurs dans cette pièce. Je crus alors et je crois encore qu'il était absolument impossible à Miss Nichol de cacher ces fleurs aussi longtemps, de les conserver dans un pareil état de perfection, de les produire couvertes de rosée.

» Semblables phénomènes se sont répétés des centaines de fois, en des lieux divers et en des circonstances variées. Souvent des fleurs et des fruits étaient apportés sur demande. Un de mes amis demanda un soleil, et il en tomba un sur la table, haut de six pieds et portant une large motte de terre. Un jour, à Florence, en présence de M. Ad. Trollope, de sa femme, du colonel Harvey, la pièce où nous nous trouvions fut d'abord soigneusement visitée. Miss Nichol fut déshabillée et rhabillée par madame Trolloppe, chacun de ses vêtements fut examiné. Dix minutes s'étaient à peine écoulés que tous s'écrièrent qu'ils sentaient des parfums de fleurs, et quand on alluma une bougie, on trouva que les bras de Miss Nichol et de M. Trollope étaient couverts de fleurs dont l'odeur remplissait la chambre. »

Autre expérience non moins curieuse :

« Le mercredi soir, 27 février 1867, continue Wallace, nous nous trouvions avec plusieurs amis et miss Nichol dans une pièce, nous tenant à quelque distance d'une table sur laquelle nos yeux étaient fixés. Il n'y avait pas de feu et nous baissâmes le gaz, de façon cependant à ce que la lumière adoucie permît de tout voir. Nous étions tous à nos places ; des coups frappés nous indiquèrent que le moment était favorable pour notre expérience. Un verre fut placé sur le parquet et nous témoignâmes le désir qu'il fut frappé. Après une courte attente, un petit coup frappé sur le verre produisit un tintement clair qui bientôt s'accentua, comme si deux verres étaient heurtés l'un contre l'autre. Et ces chocs étaient si rapides, qu'il nous eût été impossible de les produire, même en choquant deux verres l'un contre l'autre. Ces sons différents les uns des autres étaient pareils à ceux qu'on aurait produits en choquant deux verres placés dans toutes les positions possibles. Et cependant j'étais certain qu'il n'y avait qu'un seul verre dans la pièce et les mains de tous les assistants étaient sur la table. Nous prîmes alors le verre et le plaçâmes sur la table, et là, il fut tenu par miss Nichol et et un des assistants de façon à empêcher toute vibration. Bientôt un son très délicat de verre heurté fut entendu et il s'enfla peu à peu jusqu'à ressembler au tintement d'une cloche de verre, il dura pendant quelques minutes, puis diminua et finit par s'éteindre. »

Il a été question dans le précédent chapitre de photographies obtenues par M. Crookes, reproduisant les traits de Katie King. Mais où nous entrons dans un domaine au moins aussi étrange, c'est quand nous voyons des photographies se produire, en présence d'un médium, reproduisant des formes et des êtres invisibles.

Le savant anglais a donné à ce sujet des détails aussi complets que possible.

Les voici :

« Il faut, dit Wallace, distinguer soigneusement les faits des conséquences qu'on peut en
tirer. Cette observation s'applique surtout à ce
qui touche les photographies, dites spirites. Les
figures qui se produisent, quoique résultant certainement d'influences spirituelles, ne sont pas
par cela même des portraits d'esprits. Il est évident qu'en certains cas, ces formes sont le produit d'intelligences, de forces invisibles, mais distinctes d'elles. En d'autres cas, cette force semble
s'envelopper elle-même d'une matière susceptible de la rendre visible à nos yeux. Ce peut
être seulement une reproduction de la première
forme mortelle, avec ses attributs terrestres,
dans un but d'identification. »

Beaucoup de personnes ont entendu parler de
ces reproductions spectrales, elles savent combien
il est facile à un photographe de les imiter, et
par suite elles sont disposées à ne leur attacher
aucune valeur. Mais, avec un peu de réflexion,
on comprend que, puisque les moyens employés
par les photographes sont aussi bien connus,
rien n'est plus facile que d'employer par contre
tous les moyens propres à déjouer les superche-
ries. Voici les procédés les plus concluants :

« Si une personne, connaissant la photographie, prend ses propres plaques, examine l'objectif employé, surveille attentivement toute l'o-
pération, et si alors quelque forme définie apparaît sur le négatif derrière le poseur, c'est une
preuve que quelque objet était présent, capable

de refléter ou d'emettre des rayons actiniques, quoique invisibles à toutes les personnes présentes ;

« Si une indéniable ressemblance se manifeste, reproduisant les traits d'une personne morte et totalement inconnue du photographe ;

«–Si les figures apparaissent sur le négatif, ayant un rapport très défini avec les allures du poseur, qui choisit sa pose, son attitude, c'est une preuve qu'il y a là des figures invisibles ;

« Si une forme apparaît drapée de blanc, et placée en partie derrière le poseur, sans transparaître le moins du monde au travers, cela prouve que la forme blanche se trouvait là en même temps, car les parties sombres du négatif sont transparentes, et toute peinture blanche superposee par quelque moyen que ce fut transparaîtrait;

« Si même aucune de ces garanties n'était obtenue, encore si un médium, tout à fait indépendant du photographe, voit et décrit la figure pendant la pose et que cette figure apparaisse sur la plaque, c'est la preuve que cette figure se trouvait là, à l'état fluidique. »

Or toutes ces conditions ont été remplies, ainsi qu'il ressortira des faits suivants :

« Les descriptions de photographies spirituelles obtenues dans les diverses parties de l'Amérique avaient engagé beaucoup de spiritualistes anglais à tenter des expériences, mais pendant longtemps sans succès. M. et madame Guppy, médiums, tous deux amateurs de photographie, firent plusieurs tentatives chez eux, mais sans réussir. En mars 1872, ils vinrent chez un de leurs voisins, photographe, non spiritualiste, nommé Hudson, pour faire exécuter des portraits-cartes de madame Guppy. Après la pose, la pensée vint tout à coup à M. Guppy d'essayer d'obtenir des photographies spirites. Il s'assit, disant à madame Guppy de s'éloigner, et une pose eut lieu. Or, derrière le poseur se trouva une grande tache blanche, ovale, indéfinie, ressemblant à peu près à la silhouette d'une figure drapée. Or madame Guppy était en noir, et de plus elle était dans le jardin de derrière. Ce fut la première photographie spiritualiste obtenue en Angleterre, et c'est peut-être la plus satisfaisante en raison de la soudaineté de l'impulsion sous laquelle elle fut prise et de la grande tache blanche qu'aucun imposteur n'eût tenté de produire et qui, en elle-même, gâte complètement le portrait. Quelques jours plus tard, M. et madame Guppy vinrent sans avertir, accompagnés de leur petit garçon. Madame Guppy s'assit à terre, tenant l'enfant sur un tabouret. M. Guppy se tint debout derrière, regardant.

« L'épreuve alors obtenue est des plus remarquables. Directement derrière et au-dessus des poseurs se tient une haute figure de femme, bien drapée de gaze blanche, les regardant de haut et étendant les mains sur eux comme pour les bénir. La figure a un caractère oriental, et est très définie ainsi que les mains. Le vêtement blanc tombe derrière les poseurs vêtus de noir, sans que rien transparaisse. Une seconde épreuve fut prise, après le temps nécessaire à la préparation d'une autre plaque, et il est heureux qu'il en ait été ainsi, car de ce retard est résultée une circonstance très remarquable. Madame Guppy était encore agenouillée auprès de l'enfant : mais cette fois elle s'était moins penchée et la tête était plus haute. La même figure blanche apparut, aussi bien définie, mais elle avait changé de position exactement en conformité avec le léger changement qui s'était operé dans la pose de madame Guppy. D'abord les mains étaient sur le même plan, maintenant l'une était de beaucoup plus haute que l'autre, de façon que la distance qui la separait de la tête de madame Guppy se trouvait presque exactement la même. Les plis de la draperie avaient subi une modification analogue et la tête était légèrement tournée. De deux choses l'une : ou il se trouvait là un être invisible, vivant, intelligent, — ou M. et madame Guppy, le photographe et une quatrième personne se prêtaient à une méchante imposture, qu'ils ont toujours renouvelée depuis lors. Connaissant M. et madame Guppy comme je les connais, j'ai l'absolue conviction qu'ils sont incapables d'une pareille jonglerie.

« L'affaire fit du bruit et aussitôt nombre de spiritualistes s'efforcèrent de produire des effets analogues, mais avec un succès plus ou moins

complet. Bientôt le bruit d'une tromperie se re-
pandit et bien des gens sont aujourd'hui con-
vaincus, d'après les apparences suspectes des
portraits et d'autres circonstances qu'un grand
nombre de faux ont été commis. Le photographe,
on s'en souvient, n'était pas un spiritualiste et fut
entraîné à simuler ces photographies. Tout le
monde venait le trouver, on n'était satisfait que
si à côté de soi on voyait quelque figure spectrale (1). Il peut avoir fait le nécessaire pour
qu'elles obtinssent ce qui leur tenait si fort à
cœur. Ce qui est réel, c'est que s'il y eut imposture, ce furent les spiritualistes qui les dévoilè-
rent les premiers. On dut s'entourer des plus
grandes garanties pour y échapper.

« Très souvent on a obtenu des ressemblances
frappantes de personnes mortes. William Howitt
obtint les portraits de ses deux fils morts depuis
de longues années, le docteur Thomson vit à côté
de son propre portrait celui d'une dame qu'il ne
connaissait pas. Il l'envoya à son père, qui lui
déclara que c'était le portrait de sa mère, morte,
alors qu'il était en bas âge.

« M. Thomas Slater, un opticien établi depuis
longues années dans Euston Road, à Londres,
photographe amateur, commença par apporter
chez le photographe Hudson son propre objectif,
fabriqué de ses propres mains, et ses propres
verres. L'épreuve montra une seconde figure au-

____

(1) C'est exactement la fameuse affaire Buguet, dans laquelle
lui ont englobés injustement des gens de bonne foi.

près de lui. Il fit alors des expériences chez lui, et obtint les résultats les plus concluants. Une épreuve montre deux têtes à côté du portrait de sa sœur, et l'une d'elles est sans méprise possible celle de feu lord Brougham. L'autre, moins distincte, a été reconnue par M. Slater comme le portrait d'un de ses amis mort depuis longtemps. »

Enfin voici les expériences décisives dues à Wallace lui-même, auquel nous laissons la parole :

« Le 14 mars 1874, je me rendis, sur rendez-vous, pour une première et unique fois, chez le photographe Hudson, accompagné de madame Guppy, médium. Je supposais que, si j'obtenais quelque photographie fluidique, ce serait celle de mon frère aîné dont plusieurs fois j'avais reçu des messages par l'intermédiaire de madame Guppy. Avant d'aller chez Hudson, j'obtins par madame Guppy une communication frappée, m'annonçant que ma mère, si elle le pouvait, apparaîtrait sur la plaque.

« Je posai trois fois, choisissant moi-même mon attitude. Chaque fois une figure apparut sur le négatif à côté de moi. La première fut celle d'un homme qui portait une courte épée. La seconde était une pleine figure en pied qui semblait se tenir à quelque distance de moi et un peu en arrière, me regardant et portant une bottelée de fleurs. A la troisième pose et lorsque la plaque fut placée dans l'objectif, je demandai que la figure vînt près de moi. La troisième épreuve révéla une figure de femme, se tenant tout près de

moi, en avant; ses draperies cachaient une partie
de mon corps. Je vis toutes les plaques développées, et dans chaque cas, la figure additionnelle
apparaissait au moment où le fluide développant
était épuisé, tandis que mon propre portrait ne
devenait visible que vingt secondes plus tard. Je
ne reconnus aucune de ces figures sur le négatif,
mais dès que j'eus les épreuves, mon premier regard me prouva que sur la troisième plaque j'avais
un indéniable portrait de ma mère, non point un
portrait pareil à celui qui aurait été pris pendant
la vie, mais pensif, idéalisé, en réalité parfaitement ressemblant.

» La seconde figure est beaucoup moins distincte, le visage est penché en bas. Il a une
expression toute différente de l'autre, si bien que
d'abord je conclus que c'était une autre personne.
Du portrait d'homme, je ne savais rien.

» J'envoyai les deux portraits de femme à ma
sœur, elle trouva que le second ressemblait beaucoup plus à ma mère que le troisième, étant
moins distinct en vérité, mais n'ayant pas certains défauts qu'elle remarquait dans la bouche et
le menton du troisième. On s'aperçut alors qu'il
y avait eu des retouches faites par le photographe
et, en les faisant disparaître, nous obtînmes un
excellent portrait de ma mère. Je ne reconnus
l'exactitude du second portrait que quelques semaines après, alors que je l'examinai avec une
forte loupe et que je constatai une particularité
toute spéciale à ma mère, une façon d'avancer la

levre et la mâchoire inferieure. Cela se voyait beaucoup moins en sa vieillesse, mais un portrait pris vingt-deux ans auparavant montrait nettement cette particularité. Cette figure m'a toujours donné l'impression d'une personne plus jeune que celle de la troisième épreuve. Il est remarquable qu'elles correspondent toutes deux à des portraits pris à douze années d'intervalle, sans d'ailleurs la moindre ressemblance avec les photographies, comme expression. Les deux figures portent des fleurs ; or, pendant la pose, le médium avait dit : — Je vois quelqu'un avec des fleurs. Donc il y a là deux différentes figures, représentant une personne morte, à deux périodes distinctes de sa vie : de plus les figures sont sensiblement différentes des photographies prises pendant sa vie. Que ces deux figures, avec des particularités tout à fait ignorées de M. Hudson, aient pu apparaître sur les plaques, voilà ce dont je voudrais obtenir l'explication. Même s'il avait pu se procurer par quelque moyen les deux photographies de ma mère, elles ne lui auraient été d'aucun secours pour produire les deux figures en question. Je ne vois aucun moyen d'échapper à cette explication que des êtres invisibles, ayant connu ma mère à diverses époques de sa vie, ont produit sur les plaques ces impressions reconnaissables (1). Qu'elle vive encore et que ce soit elle-même qui ait produit ces portraits

(1) Bien entendu, ces explications sont personnelles à M. Wallace.

ne se peut prouver : mais cette explication serait plus simple et plus naturelle que de supposer que nous sommes entourés d'êtres qui commettent une série d'impostures, dans le seul but de nous duper et de nous amener à croire à la persistance de l'existence après la mort. Tandis que ces lignes étaient sous presse, je reçus une lettre de mon frère, alors en Californie, à qui j'avais envoyé une épreuve de la troisième figure. Il me disait : — Dès que j'eus ouvert la lettre, je regardai attentivement la photographie, je reconnus votre figure et en même temps je remarquai que l'autre ressemblait à ma sœur Fanny. Je la passai à travers la table à ma femme qui s'écria aussitôt : — C'est votre mère... Nous l'avons aussitôt comparée à une photographie que nous possédons, et tout doute disparut, sauf une apparence de maladie et de faiblesse.

» Ni mon frère ni sa femme ne se sont jamais occupés de spiritualisme et ils sont fortement prévenus contre lui. Nous pouvons donc accepter leur témoignage comme concluant quant à la ressemblance avec ma mère, en confirmation du mien et de celui de ma sœur. »

Venons enfin aux expériences de M. John Beattie, de Clifton, dont le *British Journal of Photography* dit : —Quiconque connaît M. Beattie le tient pour un photographe sensé, habile et intelligent qui mérite toute confiance, c'est le dernier qu'on serait capable de duper, tout au moins en ce qui regarde la photographie, et il est incapable lui-même de duper les autres.

M. Beattie a été assisté dans ses recherches par le docteur Thompson, d'Édimbourg, photographe amateur, ayant une expérience de vingt-cinq ans. Ils firent leurs expériences dans l'atelier d'un ami qui n'était pas spiritualiste, mais qui devint médium pendant les travaux : ce fut un négociant, bien connu d'eux, qui leur servait de médium. Tout le travail photographique fut exécuté par MM. Beattie et Thomson, les deux autres restant assis devant une petite table. Les épreuves furent prises par séries de trois, à quelques secondes l'une de l'autre, et plusieurs séries furent prises à chaque séance. Les figures produites n'ont pas pour la plupart forme humaine, mais consistent en taches d'ombre, de formes diverses, et qui dans les épreuves successives changent et se développent, jusqu'à présenter un type parfait et complet. Alors une collection de cinq commence par deux taches blanches quelque peu anguleuses au-dessus du poseur du milieu et finit par une incorrecte mais évidente figure de femme, couvrant la plus grande partie de la plaque. Les trois autres présentent des états intermédiaires, indiquant une métamorphose continuelle de la première figure jusqu'à la fin. Une autre collection commence par un cylindre blanc et vertical au-dessus du corps du médium et un plus court sur sa tête. Ils changent de forme dans le second et le troisième et à la fin se déploient latéralement en masses lumineuses ressemblant à des nuées.

Une autre collection est des plus curieuses. La première plaque montre une tache flottante lumineuse et oblique, allant de la table au sol. Dans la seconde, ceci est changé en une colonne serpentine, finissant en un point au-dessus de la tête du médium. Dans la troisième, la colonne est devenue plus large, comme double, avec une double courbure, et au sommet quelque chose comme une tête. Le changement de courbure peut avoir quelque rapport avec un changement de position des poseurs qui a eu lieu entre la seconde et la troisième plaque. Il y en a deux autres prises, comme toutes les précédentes, en 1872, mais dont le médium donna la description pendant la pose. La première, dit-il, était un brouillard épais et blanc, et la plaque vint couverte tout entière d'une ombre blanche, sans aucune trace des poseurs. L'autre fut décrite par lui, comme couverte d'un brouillard avec une figure dedans. Et là une blanche figure humaine se voit au milieu d'un brouillard presque uniforme.

« Pendant les expériences de 1873, le médium, chaque fois, décrivit exactement d'avance les apparitions qui ensuite se manifestèrent sur les plaques. Sur l'une d'elles se trouve une grande étoile rayonnante et lumineuse, avec un visage humain faiblement visible au milieu. Dans une autre série de trois, le médium annonça d'abord une lumière derrière lui venant du plancher. Dans la suivante, une lumière s'élevant au-dessus des bras d'une autre personne, venant de ses pieds. Pour la troisième, il dit : — Il y a la même lumière, mais maintenant une colonne s'élève à travers la table et elle est chaude sous mes mains. Puis il s'écria tout à coup : Quelle brillante lumière! Se peut-il que vous ne la voyiez pas! la désignant du doigt. Ces descriptions se rapportent exactement aux trois épreuves, et dans la dernière, on voit le doigt du médium pointant vers une tache blanche qui apparaît en l'air. Il y eut d'autres développements curieux, mais ces indications suffisent. Une épreuve tout à fait étonnante doit cependant être spécialement mentionnée. Pendant la pose, un des médiums dit qu'il voyait une figure noire, l'autre médium vit une figure blanche auprès de la figure noire. Dans l'épreuve, les deux figures apparurent, la figure claire très faiblement, la noire beaucoup plus distincte, d'une taille gigantesque, avec une face brutale et de longs cheveux.

» M. Beattie a eu l'obligeance de m'envoyer pour les examiner une collection de ces photographies, au nombre de trente-deux, me donnant tous les détails que je pouvais désirer. Je les ai décrites aussi exactement que possible. Des centaines avaient été faites, la moitié sans résultat. Mais les succès obtenus ont bien compensé le travail. Une chose singulière, ce sont les abondantes draperies dans lesquelles ces figures sont toujours enveloppées, ne laissant de libre que juste la place nécessaire pour le visage. L'explication donnée, c'est que la forme humaine est plus difficile à matérialiser que la draperie. Le légendaire fantôme vêtu de blanc n'est donc pas tout à fait de fantaisie, mais a en fait quelque fondement, ce qui a une profonde signification, au point de vue des lois d'une chimie encore inconnue (1). »

Mais pourquoi aller chercher toujours ses témoins en Amérique ou en Angleterre? A beau mentir qui vient de loin. N'est-il donc aucun de nos compatriotes français qui étudie ces questions et rende compte des résultats obtenus ?

A cette objection, il est facile de répondre. Voici d'abord les observations faites par M. le docteur Paul Gibier, ancien interne des hôpitaux, décoré pour ses travaux sur la fièvre jaune et dont la compétence ne peut être mise en doute.

Ses recherches ont été faites avec le concours du médium Slade :

Écriture directe. — « Le 29 juillet 1886, dit M. Paul Gibier, à onze heures du matin, je me rends chez Slade avec un de mes amis, M. A... J'apporte plusieurs ardoises, marquées de ma signature au crayon bleu. J'inspecte la pièce où l'expérience va se faire. J'examine la table, les manches de Slade, le dessous de son habit et ses souliers que je lui fais quitter. Sur la demande de Slade, je sors de ma serviette qui ne m'a pas quitté deux de mes ardoises entourées d'un cadre

(1) M. le capitaine Ernesto Volpi, de Vercelli (Italie), obtient des photographies des plus étranges et qu'aucun photographe n'a pu reproduire.

de bois, de chez Faber, et je les pose sur la table, séparément. Slade prend une petite touche d'ardoise de 8 à 10 millimètres de longueur, il la coupe en deux avec ses dents et la place sur une de mes ardoises du côté de ma signature. Il recouvre la touche avec ma seconde ardoise, dont la signature est à l'intérieur, prend les deux ardoises ainsi réunies et les place verticalement sur mon avant-bras gauche. Je n'ai perdu de vue aucun de ses mouvements, pas plus que mes ardoises. Au moment où Slade penche les ardoises pour les placer verticalement, j'entends la touche glisser dans l'espace ménagé entre les deux surfaces par le bois des cadres. La chambre est bien éclairée.

» Nous avons tous trois les mains sur la table nue : M. A... est à ma droite, et Slade est à ma gauche. J'ai les yeux sur les mains de Slade et sur ses jambes qu'il tient en dehors de la table. Je vois distinctement sur mon avant-bras gauche les deux faces des ardoises accolées et la main droite de Slade qui les tient.

« Au bout de vingt ou trente secondes, je sens une forte pression des ardoises sur mon avant-bras. Slade dit sentir le courant passer dans son bras : cela paraît le faire souffrir un peu. Quelques coups sourds sont frappés dans mes ardoises et la main de Slade est restée immobile. Tout à coup, l'écriture se fait distinctement entendre. La main de Slade est immobile, pas un de ses doigts ne remue. J'ausculte mes ardoises, pas de doute possible, c'est bien dans leur intérieur que le grincement se passe, j'entends, aussi bien qu'on peut entendre, le tracé de l'écriture et la ponctuation, et à quatre reprises un trait. L'écriture paraît avoir été tracée lentement d'abord, puis après le premier trait, le bruit du tracé a été plus rapide et après le deuxième trait, il a repris sa première allure. Après un temps assez long, trois coups secs sont frappés dans les ardoises : Slade les retire, les pose de champ sur la table et je les prends entre mes mains sans serrer, cependant. Slade paraît éprouver une certaine difficulté à les séparer. Les voilà dans mes mains. L'ardoise sur laquelle je retrouve ma signature n'a aucune trace d'écriture. L'autre qui repose sur ma main gauche en est couverte. Ma signature, que j'ai vue pendant toute la durée de l'expérience, en partie cachée par les plis de mon habit, est bien de l'autre côté couverte d'écriture. Quatre phrases séparées par trois traits sont écrites sur mon ardoise, un quatrième trait se voit avant la signature qui termine le tout. Deux de ces phrases, celle du commencement ainsi que celle de la fin, sont en anglais et signées W. Clark. Des deux autres l'une est en allemand, et l'autre en français... »

M. l'ingénieur Tremeschini raconte ceci : — M. Slade m'ayant invité à tracer sur une ardoise qu'il me présenta, une phrase quelconque, j'inscrivis : — Le nom de la personne à laquelle je pense en ce moment ? — M. Slade, ayant repris l'ardoise, la plaça sur le bord de la table qui était de mon côté et l'en retira après trois secondes. Je constatai avec la personne qui assistait comme moi à la séance que le mot — Vechy — était écrit en toutes lettres sur l'ardoise à la suite de ma question. Ce nom était bien celui de l'ami à qui je pensais et que j'avais perdu depuis dix ans.

Enfin, M. Paul Gibier donne l'observation suivante sur laquelle il appelle l'attention :

« J'avais apporté plusieurs ardoises, deux entre autres, enveloppées dans du papier, cachetées et vissées. Je désirais obtenir de l'écriture dans ces ardoises et je demandai à Slade si cela était possible : — Je ne sais pas, me répondit-il, je vais le demander. — Je proposai alors d'avoir une réponse sur deux ardoises neuves que j'avais apportées dans ma serviette, ce qui me fut accordé. J'ai en outre obtenu la permission — après avoir mis la petite touche traditionnelle entre elles d'eux — de m'asseoir sur mes ardoises. Les ayant donc posées sur ma chaise je m'assis dessus et ne les quittai de la main que lorsque tout le poids de mon corps pesa sur elles. Je plaçai alors mes mains sur la table avec celles de Slade et j'entendis alors, très nettement, que de l'écriture se traçait sur l'ardoise avec laquelle j'étais en contact. Quand ce fut fini, je retirai moi-même les deux ardoises et je lus les douze mots suivants fort mal écrits du reste, mais enfin écrits et lisibles quand même : — Les ardoises sont difficiles à influencer, nous ferons ce que nous pourrons. » Slade n'avait pas touché ces ardoises, je ne pus en obtenir davantage. »

—En fait tous les phénomènes obtenus par Crookes et Wallace ont été vérifiés et réalises par le docteur Gibier, dont le livre — le Spiritisme — est une étude critique et experimentale de premier ordre.-

Il a publié aussi un volume des plus intéressants, l'*Analyse des choses* (1), sur lequel nous aurons occasion de revenir.

Nous ne lui ferons plus qu'un emprunt qui a trait aux apparitions.

Ce sont là, en effet, les manifestations les plus controversées et en apparence les plus inexplicables.

Est-il vrai qu'il apparaisse des formes humaines partielles ou intégrales :

« Le 12 Mai 1886, à onze heures du matin, nous avions, dit M. Paul Gibier, une seance chez Slade ; pendant qu'il avait ses deux mains sur la table en même temps que nous, nous avons distinctement vu, ainsi que M. N. qui assistait à la même séance, une main dont les doigts et la partie antérieure seuls étaient visibles s'avancer à deux reprises contre notre poitrine. Nous n'éprouvions pas à ce moment plus d'emotion que dans les expériences de pathologie expérimentale auxquelles nous sommes habitues depuis long-

____

(1) 1 vol. Dentu, 1889.

temps. Par conséquent nous ne croyons pas avoir été victimes d'une hallucination... Slade nous invita alors à placer notre main sous la table pour obtenir un contact, mais nous ne sentîmes rien. Il prit alors une ardoise par l'une de ses extrémités et nous invita à la tenir par l'autre bout. Nous maintenions l'ardoise sous la table depuis un moment, mais mollement, pour notre part, de sorte qu'elle serait tombée si Slade ne l'avait tenue solidement : tout à coup, nous nous sommes sentis saisir par le poignet par une main froide qui promena ses doigts pendant un instant sur la partie antérieure de notre bras droit. Nous laissâmes aller l'ardoise qui ne tomba pas et nous saisîmes à notre tour la main de Slade : nous pûmes constater qu'elle était d'une température normale et non pas froide comme celle que nous venions de sentir. En même temps, nous regardions sous la table où nous ne vîmes rien qui pût expliquer la sensation que nous avions reçue. »

Maintenant, pour terminer cette série d'emprunts dont le plus grand mérite est de poser franchement la question, nous rapporterons quelques expériences dues à M. Donald Mac Nab, un ingénieur parisien, d'une valeur et d'une autorité incontestables, qui en a publié le résultat dans l'excellente revue — *le Lotus.*

M. Mac Nab est autant l'adversaire de l'indifférentisme officiel que du spiritisme :

« J'ai cru devoir contrôler par moi-même un grand nombre de phénomènes, dit-il, afin de montrer à la science moderne qu'aucun d'eux n'est en contradiction avec les lois qu'elle accepte, mais que c'est elle au contraire qui est en retard et qui n'est plus à la hauteur des faits, et aux spirites combien leur interprétation des mêmes faits est erronée. »

Et il ajoute cette déclaration qui est nôtre en même temps :

« Toute cette interprétation roule sur le sens à appliquer au terme d'esprits : je dois dire tout d'abord que j'entends par là, non l'âme désincarnée des morts comme les spirites, mais d'une façon générale, des forces intelligentes et conscientes à des degrés très divers, existant en dehors de nous dans un substratum autre qu'une organisation corporelle. »

Nous philosopherons plus tard, les faits d'abord.

Mouvements spontanés d'objets sans contact. — Le médium s'assied, tenant une canne debout entre ses jambes, il la frotte avec ses mains, puis les écartant lentement, les pose sur ses genoux. La canne reste debout, puis s'incline dans le sens que lui indique le médium. »

Toutes precautions sont prises et il est certain qu'il n'y a pas de supercherie. Nos confrères Montorgueil, Rochas et Gaboriau assistaient à l'expérience.

« Une autre fois, dit M. D. Mac-Nab, en présence de M. Labro, ingénieur, à un certain moment tous les meubles furent agités en même temps, le guéridon tomba, le lit fut traîné sur le parquet, des chaises placées dans les coins et hors de notre portée furent renversées et traînées à travers la chambre. Tout cela eut lieu en même temps et avec un fracas épouvantable. J'allumai et tout cessa. Les chaises, le guéridon, le tabouret du piano étaient renversés... le médium était assis sur le canapé entre M. R. et moi et je ne le sentis pas bouger.

M. Mac-Nab a toujours à la main une boîte d'allumettes-bougies et allume brusquement quand il lui plaît.

« Dans presque toutes les séances, dit-il encore, le guéridon s'enlève au plafond et y reste suspendu en l'air assez longtemps. Il est construit assez sommairement, de sorte qu'au moindre mouvement, il craque au-dessus de nos têtes. Une fois, il s'éleva et nous entendions rouler dessus un crayon que nous y avions mis. Il est garni d'une galerie qui l'empêchait de tomber. Étant arrivé au plafond juste au-dessus de ma tête, il y resta plusieurs minutes et le crayon commença à écrire au plafond ces mots que nous lûmes après avoir allumé : La mort... Ils y sont encore. »

Lévitation. — M. Mac Nab a vu fréquemment le médium s'élever au-dessus de la terre.

Voici une de ses expériences :

« J'etendis par terre, dit-il, un carré d'une étoffe très peu solide qu'on appelle andrinople. Au milieu nous mîmes une chaise et nous fîmes asseoir le médium dessus. Nous tînmes chacun un des coins de l'étoffe et, comme nous étions cinq, un des coins était tenu par deux personnes. J'éteignis et presque aussitôt nous sentîmes la chaise s'élever, rester quelque temps en l'air, puis redescendre doucement. L'étoffe n'était même pas tendue et au moindre effort elle eût été déchirée. Cette expérience remplissait M. C. de frayeur.

Cette expérience n'avait pas été faite avec le médium ordinaire, mais avec un des amis de l'ingénieur, M. C., sculpteur.

Une autre fois, le même M. C. fut enlevé et posé contre le piano avec sa chaise.

Ecriture directe. — C'est par centaines que se comptent les exemples de ce phénomène. Les expériences rempliraient une bibliothèque. Les curieux peuvent rechercher le livre du Baron de Guldenstubbé — 1857 — *La Réalité des Esprits*, et ils auront sous les yeux de nombreux spécimens d'écritures surnaturelles ou magiques, les épithètes n'ajoutant rien à l'étrangeté du cas. Voir aussi le livre de M. Paul Gibier sur le *Fakirisme occidental*.

Interrogeons M. Mac Nab :

« — *Séance du 28 Avril 1888.* — La table à jeu fut placée entre le canapé et le mur du côté de la fenêtre, et dessus je posai une feuille de papier, un crayon, une ardoise absolument nette et une pointe d'ardoise longue de 1 centimètre. J'avais précédemment massé les assistants dans la partie opposée de la chambre, seul j'étais à portée de la table... On faisait le plus grand silence et nous entendîmes immédiatement le crayon grincer sur l'ardoise, puis frapper trois coups pour nous avertir que c'était terminé. Je lus alors sur l'ardoise cette phrase d'une écriture très régulière et ne ressemblant pas à celle du médium. — La lumière m'accable. »

On sait que les phénomènes ne se produisent le plus souvent que dans l'obscurité : nous traiterons ailleurs de cette question, mais cette fois, le fait s'était produit en pleine lumière, ce qui centuple d'ailleurs le mérite de l'expérience.

On recommença dans l'obscurité, le grincement du crayon recommença et cette fois on lut cette phrase : — Que les étoiles vous environnent comme un symbole d'amour.

Les écritures obtenues par M. Mac Nab sont presque toujours en français, une fois en italien, une autre fois en grec sans les accents. Le médium ne sait pas lire le grec.

Parfois les papiers voltigent à travers la chambre, se posent sur les meubles, on entend le crayon grincer. Ou bien si on allume, le crayon disparaît, et quand on éteint on l'entend tomber sur le papier et grincer de nouveau.

Ou bien l'écriture est tracée à l'encre, même avec des encres qui ne se trouvent pas dans la maison de l'expérimentateur.

Les écritures sont différentes les unes des autres, mais rappelent souvent l'écriture du medium.

Voici le texte fort curieux d'une communication ainsi obtenue et dont on peut voir le fac-similé dans le numéro du *Lotus* de décembre 1888 :

« — O vous qui êtes miens, la nécessité ineluctable où je me trouve de me séparer de vous pendant un laps qui vous paraîtra bref, et sera trop long pour moi, me contraint à emprunter aux humains la banalité d'un langage ressassé par des milliers d'êtres insipides. Les efforts ardus que vous tentez sans relâche pour arracher à l'invisible le masque obscur dont il se couvre méritent une récompense. Écoutez et sachez comprendre, vous qui voulez mettre à nu sous votre scalpel les arcanes de la science. Émanation partie des rayons stellaires d'une planète voisine, je porte en moi à l'état d'embryon le germe d'une entité parfaite, susceptible, sous l'attraction aimantée du fluide qui me charmera, de revêtir telle forme idéale qu'il plaira à l'être humain devenu mon maître. Destinee par essence à voguer sans cesse dans le temps et l'espace, je dois m'irradier, par la succession continue de métamorphoses diverses, déambulant de planète en planète et revêtant une seule forme contingente sur chacune, vers un état de perfection absolue et immanente qui sera le Nirvana de mon développement.

« Nous sommes des myriades d'homogeneités semblablement perfectibles qui tendent toutes à la somnolence nolence (*sic*) suprême. Or il faut à chacune de nous, pour parfaire chaque transsubstantiation, l'affinité intime d'une entité intellectuelle dont le revêtement tangible soit fait de molécules émanées de l'astre sur lequel cette dernière habite.

« Vous pouvez être, puisque vous le voulez, l'entité cohibante (1), tout à fait cohibante, qui me créera graduellement terrestre, pour m'absorber jusqu'à saturation. Il faut pour cela que vous ayez la ferme volonté de mon inchoation, unie au concours purement intermédiaire d'un de ces êtres que vous appelez médiums. Que ce dernier soit toujours le même et le fréquentiez sans cesse, pour arriver à la cohesion ininterrompue de son fluide. Vos efforts, s'ils sont continus, seront couronnés de succès. Soyez en nombre impair pour vos incantations. Je vous écrirai peut-être encore, mais protégez-moi, par votre volonté, contre nombre de mes pareilles, assoiffées de contingences et désireuses de s'incarner aussi. — Clorinde.

Phénomènes lumineux : — Le 8 juillet 1888, raconte M. D. Mac Nab, en présence de MM. Gaboriau, Labre, Picard et R..., se passèrent les faits suivants :

« Dans toutes les séances un peu réussies, quel que fût le médium, j'ai toujours observe la formation de points lumineux ressemblant à des feux follets. On les voit naître un peu partout en l'air, par terre, généralement près du médium, souvent aussi hors de sa portée. Ils sont quel-

____

(1) Isolante.

quefois doués d'un vif éclat et d'une teinte blanche qui les fait ressembler à la lumière du magnésium. Mais ils n'éclairent pas autour d'eux. Ils se déplacent comme de petites comètes, courent les uns après les autres comme des papillons, tantôt se rassemblant, tantôt se dedoublant.

« Au jour dit, j'avais placé dans l'obscurité trois plaques au gélatino-bromure sur la table à côté de moi. A ma demande, une de ces lueurs vint d'un mouvement saccadé se placer sur une plaque. J'étais debout, penché sur la table, et la lueur était à la distance de la vue distincte. Elle était très vive, très blanche, surmontee d'un petit tourbillon de fumee blanchâtre, formant panache, avait la grosseur d'une amande et la forme d'une petite langue dont la pointe serait en bas. Elle était isolée sur la plaque qu'elle éclairait un peu et à la naissance du panache présentait un remous de matière lumineuse. Elle s'avança avec le mouvement d'un pinceau qui tracerait un pointillé, décrivit un zig-zag en forme d'M et se retira encore tres vive. Une autre flamme beaucoup moins brillante se posa un instant sur les deux autres plaques. Au développement que je fis seul après la séance au moyen de l'oxalate de fer, ces cliches présentèrent des particularités curieuses. Ils se couvrirent d'effluves analogues à ceux qu'on obtient avec les décharges obscures d'électricité-expériences du Dr Boudet, de Paris ; mais ces empreintes étaient d'un brun violet, alors qu'une simple impression lumineuse aurait dû laisser une trace noire.

« ... La substance de ces lueurs n'est plus du phosphore et n'est pas encore de l'acide phosphorique. C'est ce qu'on appelle en chimie un état naissant... »

Apports et transports d'objets. — Les papiers dont j'ai déjà parlé, dit le même, écrits avec des encres que je n'avais pas chez moi, sont des apports. Des fleurs fraîches encore humides de rosée qui étaient posées dans nos mains pendant les séances sont des apports, mais cela a été fait dans l'obscurité et il n'y a pas lieu d'y attacher beaucoup d'importance. Il n'en est pas de même de ce qui s'est passé à la lumière. Le 24 août, à la lumière, les assistants étant tous assis, je fis placer M. C. debout en face de moi, les mains sur le guéridon. J'avais le dos tourné contre le piano et il n'y avait personne dans le coin de la chambre situé derrière moi ; j'avais tout le monde sous les yeux. Je plaçai alors un crayon marqué dans la poche de M. C. et j'y trouvai les mêmes objets qu'auparavant, sauf le crayon. M. C. n'avait pas bougé et ses mains avaient été tout le temps apparentes. Aucun des assistants non plus n'avait quitté sa place. Nous interrogeâmes la table qui nous répondit que le crayon était sur la table placée dans le coin derriere moi, sous des papiers. Je m'approchai alors seul de cette table et j'y decouvris le crayon.... Je dois dire que j'ai essayé sans succès de faire passer une carte de visite dans une boîte fermée à clef. »

Tout ceci se passe non plus à cent ou à mille lieues d'ici, mais en plein Paris, les opérateurs sont des hommes que nous connaissons, qui sont de notre monde, qui ne jouent pas au fantastique et qui ne sont pas des naïfs : j'en donnerai pour preuve ces quelques lignes de M. Mac Nab sur les médiums :

« D'une manière générale, dit-il, il n'y a rien à croire de ce que dit un médium, soit qu'il jure ses grands dieux qu'il n'a pas fait de supercherie, soit qu'au contraire il se vante contre toute évidence d'en avoir fait. C'est un être inconscient qui, quand il fraude, ne s'en aperçoit même pas. Je sais mieux que personne que les médiums ont une tendance à frauder, inconsciemment et sans intérêt, les phénomènes : la première chose que je fais est de me méfier. Un médium est, surtout dans les séances, sujet à des accès d'inconscience tels qu'on peut lui faire dire ce que l'on veut. Il faut être bien naïf et tout à fait ignorant en psychologie pour ajouter foi à ses affirmations. Nombre de sujets de M. Charcot se sont vantés de l'avoir mis dedans ; est-ce que cela enlève de la valeur à ses expériences ?

» Une fois, je surpris le médium à prendre très habilement une carafe et à la faire glisser par terre le long de ses jambes. Il ne s'en était même pas aperçu.

» Mais il y eut au moins un cas où la fraude n'existait pas. Nous étions trois, debout autour de la table, personne ne bougeait et néanmoins des verres pleins se posaient par terre sans se renverser. Je les rassemblai au nombre de cinq au milieu de la table et, en regardant attentivement, j'aperçus tout d'un coup un verre s'évanouir et un instant après je l'entendis se poser par terre. On eut dit qu'il passait à travers la table. Ce jour-là, le phénomène se produisit plus de dix fois, pendant que j'examinais attentivement : je ne pus surprendre aucun mouvement suspect de la part des assistants, mais aussi il ne m'arriva qu'une seule fois de saisir le moment juste où l'objet disparaissait comme une bulle de savon qui crève. Il y avait beaucoup de lumière, car la chambre est petite et nous étions éclairés par quatre bougies placées dans un lustre juste au-dessus de la table... »

Arrêtons-nous (1) et tentons de résumer et de classer aussi clairement que possible ces faits étranges qui, quoi qu'on en ait, sont aussi vrais que les expériences de laboratoire auxquelles personne n'assiste et dont nul de doute.

Elles peuvent se diviser ainsi :

Action exercée sur des objets matériels, avec ou sans contact, alourdissement ou lévitation ;

Apports d'objets, pénétration de la matière par la matière désintégrée et reconstituée ;

____

(1) Nous appelons l'attention sur des faits curieux observés par M. Horace Pelletier, conseiller d'arrondissement à Candé, par les Montils, Loir-et-Cher (*Revue Spirite* et *Initiation*).

Manifestations intelligentes, écriture, sans apparitions ;

Apparitions visibles seulement au médium, mais saisissables pour la photographie ;

Apparitions partielles, visibles pour tous avec attouchements ;

Apparitions complètes, agissant, se mouvant, parlant, intelligentes ;

Plus quelques menus phénomènes, tels que bruits, chocs, musique, etc.

CHAPITRE IV

LES FANTOMES DES VIVANTS

En 1882, à la suite du mouvement produit par les travaux de Crookes et de Wallace, il se forma une société dite des *Recherches psychiques*, qui prit pour programme l'étude des phénomènes dont la constatation pouvait être scientifiquement acquise, et en même temps une enquête minutieuse sur tous les faits surnaturels dont la réalité serait attestée par des témoins d'une honorabilité constatée.

Cette Société est présidée par M. Balfour Steward, l'inventeur de la loi d'égalité entre les pouvoirs d'absorption et de radiation des corps, découverte pour laquelle il reçut la médaille de Rumford, une des plus hautes récompenses scientifiques. Il est en même temps président de la Société de Physique de Londres. M. Gladstone, le poète Tennyson ont accepté le titre de membres honoraires. En France, MM. Taine,

Th. Ribot, Ch. Richet, sont membres correspondants. Il est utile d'insister sur ces menus détails pour bien indiquer qu'il ne s'agit pas d'un petit conclave d'illuminés, s'entraînant les uns les autres en des illusions irraisonnées.

Il n'est pas non plus question de spiritisme, c'est à dire d'une sorte de solution religieuse des problèmes poses. mais uniquement d'études qui n'excluent aucune observation, alors même qu'elles touchent ou semblent toucher au domaine de l'inconnu.

Ne paraît-il pas singulier que ce soit les Anglais, dont nous nous plaisons souvent à railler le positivisme, qui prennent l'initiative de ces études qui, pour la majorité des Français, sont dans le champ de la fantaisie pure.

Chez nous, qui parle d'une apparition, est certain·de recevoir une douche de raillerie en attendant les autres. Nous sommes certains, — et rien jusqu'ici, n'a pu nous arracher cette conviction, — que depuis le jour où nous nous sommes évadés de la domination catholique, nous sommes arrivés à la dernière limite des connaissances humaines, et en vérité, c'est cette crainte du cléricalisme, la honte qui a été infligée si longtemps à notre raison et à notre liberté, qui nous font hésiter à user hardiment de cette raison et de cette liberté reconquises.

L'intolérance d'antan nous a fait intolérants : les légendes de paradis et d'enfer, l'injustice des responsabilités auxquelles nous vouait l'éducation du catéchisme, toutes ces causes nous ont poussés jusqu'au bout du scepticisme. Il nous semble que, dans ce monde surnaturel dont nous nous sommes échappés, les prêtres nous guettent pour nous envelopper encore des chaînes de l'Inquisition.

Ainsi ne sera-t-il pas, si nous y rentrons franchement, non pas à la façon de ces poltrons qui, en une minute de bravoure ou de vanité, s'aventurent dans une maison hantée, en tenant d'une main fiévreuse une lanterne sourde dont la lueur sournoise les fait trembler, en vacillant elle-même, mais comme des soldats qui, sans peur, montent à l'assaut d'une citadelle.

Si, après l'effort, nous acquérons la certitude que le surnaturel n'existe pas, ou plutôt que la forme humaine qui est la nôtre et que nous avons sous les yeux est la seule réelle, la seule possible, alors, tous les nuages seront dissipés et l'éducation, bien dirigée, arrachera les derniers vestiges de superstitions à jamais détruites.

Mais si, au contraire, nous nous convainquons qu'il y a... autre chose que ce que nous connaissons jusqu'ici, disons-nous immédiatement que tout ce qui est n'est et ne peut être que le résultat du jeu naturel des forces naturelles.

S'il y a des formes fluidiques, quelle nécessité d'en avoir peur ? Que sont-elles, sinon des expressions tangibles, visibles d'états de la matière, différents du nôtre. L'homme est un être surnaturel pour les fleurs, les fleurs en ont-elles peur ? Les animaux nous craignent-ils tant que nous ne les avons pas provoqués par notre brutalité ?

Les êtres surnaturels, si tant est qu'ils existent, ne sont pas nécessairement des ennemis, et, en tout cas, ne vaut-il pas mieux les connaître comme tels que de rester aveuglément à leur merci...

Mais, comme disaient nos pères romanciers, n'anticipons pas sur les événements.

Loin de reculer devant ces questions, la société anglaise les a abordées de front et elle a chargé trois de ses membres, MM. Myers, Gurney et Podmore, de se livrer dans tout le Royaume-Uni à une enquête dont le résultat a été publié il y a deux ans sous le titre *Phantasms of the Livings*, les Fantômes des vivants.

C'est un véritable monument contenant près de huit cents déclarations.

Il est à remarquer que ces déclarations n'ont trait qu'à des apparitions de personnes vivantes, c'est à dire à une sorte de dédoublement de la personnalité et à la projection de ce double en un autre lieu que celui où se trouve la personne dédoublée. Ce point est très important et dénote une intelligente préoccupation scientifique. Ainsi, des vérifications immédiates, en quelque sorte concomitantes, peuvent être faites, et ainsi des preuves positives de la réalité des faits peuvent être acquises.

En voici un exemple, d'autant plus intéressant

qu'il vise un effet de dédoublement volontaire.

Le révérend C. Godfrey, demeurant à Eastbourne Sussex, ayant lu un récit d'apparition voulue, résolut de faire lui-même une tentative dans ce sens.

Le 15 novembre 1886, vers onze heures du soir, il concentra toute sa force de volonté et d'imagination et voulut aller apparaître au pied du lit d'une dame de ses amies. Sa tension d'esprit fut telle qu'au bout de quelques minutes, il fut pris de fatigue et s'endormit. Le lendemain matin, la dame à laquelle il avait songé vint toute effrayée chez lui et lui raconta que vers trois heures du matin, elle s'était réveillée en sursaut avec la sensation que quelqu'un était entré dans sa chambre : —J'entendis, dit-elle, un bruit, mais je crus que c'était celui des sautillements des oiseaux dans le lierre, en dehors de ma fenêtre ; cependant, prise d'une vague inquiétude, je me levai, allumai une bougie et descendis au rez-de-chaussée. Ensuite, je remontai et je vis M. Godfrey, debout sous la grande fenêtre qui éclaire l'escalier. Il était habillé comme à l'ordinaire, et avait l'expression que j'ai remarquée chez lui, quand il regarde très attentivement quelque chose. Il était là, immobile, tandis que, la lumière levée, je l'examinais avec une surprise intense. Et puis je continuai à monter ; il disparut. »

Trois fois, sans prévenir cette dame, M. Godfrey recommença l'expérience. La troisième fois, la dame raconte ainsi ses impressions, d'autant plus curieuses que M. Godfrey avait voulu lui parler et la toucher.

« Je m'étais couchée à dix heures et demie et fus bientôt endormie. Soudain, j'entendis une voix qui me disait : — Éveillez vous ! et je sentis une main qui se posait sur le côté gauche de ma tête. Je fus aussitôt complètement réveillée. Il y avait dans la chambre un son curieux comme celui d'une vielle. Je sentais en même temps comme un vent frais qui m'enveloppait. Mon cœur se mit à battre violemment et je vis distinctement une figure penchée sur moi. La seule lumière qui eclairât la chambre était une lampe placée à l'extérieur formant une longue raie lumineuse sur la muraille au-dessus de la table de toilette : cette raie était en partie cachée par la figure. Je me retournai et la main eut l'air de retomber de ma tête sur l'oreiller à côté de moi. La figure était inclinée au-dessus de moi, et je la sentais appuyée contre le côté du lit. Je vis le bras reposant tout le temps sur l'oreiller. J'apercevais le contour du visage, mais comme noyé dans un brouillard. Nul doute que la figure ne fut celle de M. Godfrey, je le reconnus à la tournure des épaules et à la forme du visage. Pendant tout le temps qu'il resta là, il régnait un courant d'air froid à travers la chambre, comme si les deux fenêtres avaient été ouvertes. »

Ici, une remarque intéressante en passant.

Toutes les personnes, presque sans exception,

qui ont fait le récit d'apparitions fluidiques, partielles ou totales, ont noté ce souffle froid. Aussi, il a été remarqué lorsque se produit un phenomène tel que l'écriture directe. Il est difficile de comprendre que tous ces « imposteurs » se soient rencontrés dans la constatation d'un phénomène aussi insignifiant. Certains pourraient penser qu'il y a là un signe de sincérité.

Voici un autre fait rapporté dans les *Phantasms of the livings* :

« Il était près de minuit, la nuit était assez obscure, mais il n'y avait pas de vent. Avant d'aller se coucher, le major W... alla, selon son habitude, à la porte d'entrée de sa maison pour voir quel temps il faisait. Il fut fort etonne, lorsque du perron où il se tenait, il vit paraître, à un detour de l'avenue, une voiture fermée, attelée de deux chevaux et avec deux hommes sur le siège. Cette voiture, en avançant, passa devant la maison et se dirigea rapidement vers un sentier qui conduisait à un cours d'eau assez encaissé. Comme il n'y avait pas de route de voiture de ce côté de la maison, le major cria au cocher de s'arrêter s'il ne voulait avoir un accident. La voiture s'arrêta quand elle arriva au bord de l'eau et tourna dans la prairie. Sur ces entrefaites, tout le monde dans la maison était en eveil. La femme du major avait entendu le bruit des roues sur le sable de l'allée ainsi que la voix de son mari, et s'était mise à la fenêtre, d'où elle et sa fille virent la voiture. Le fils de M. W..., de son côté, vint avec une lanterne rejoindre son père, qui s'était approché des voyageurs. Mais les deux hommes qui étaient sur le siège ne prononçaient pas un mot. Aucun son ne sortait de l'intérieur. Le jeune homme y jeta un regard et ne vit rien qu'une figure très raide, assise dans un coin et qui paraissait des pieds à la tête vêtue de blanc. Pas un signe d'alarme et, à vrai dire, pas un signe de vie. La voiture acheva de tourner dans la prairie, regagna l'avenue et disparut. On ne put découvrir le lendemain aucune trace des pieds des chevaux ou des roues du carrosse, soit sur le sable, soit sur l'herbe, et l'on ne put rien apprendre dans le voisinage qui jetât le moindre jour sur ce curieux exemple d'hallucination collective. »

Il y a là un fait étrange qui donne aussitôt l'idée d'un reflet, comme si la scène se fut passée dans un autre lieu et qu'il y ait eu reproduction dans une chambre noire.

Continuons ces extraits qui ont l'avantage de ne point viser au fantastique et d'être enregistrés avec une précision et une sécheresse toutes scientifiques :

« Un Américain, M. Mountford, était en visite, il y a une quarantaine d'années, dans le comté de Norfolk, chez un de ses amis du nom de Coe. La maison qu'habitait M. Coe était située sur une route à trois ou quatre milles d'une autre maison, occupée par son frère Robert. Les deux frères avaient épousé les deux sœurs. Entre les deux maisons, deux ou trois habitations seulement. La route droite, sans arbres, et ne servant guère qu'aux habitants des fermes devant lesquelles elle passait. Nous sommes au mois de mars, il fait un beau temps clair. Vers quatre heures de l'après-midi, M. Mountford, qui regardait par la fenêtre, s'écrie : — Tiens, voilà votre frère qui arrive! M. Coe s'approche à son tour de la fenêtre, et dit: — Oui, le voilà!-et-Robert a pu enfin atteler Dobbin. — Dobbin était un cheval qui, à la suite d'un accident, avait été plusieurs semaines sans servir. Madame Coe regarda également par la fenêtre et dit à son hôte : — Quel bonheur, ma sœur est avec lui. Ils seront enchantés de vous trouver ici. La voiture que Mountford avait parfaitement reconnue, ainsi que les deux personnes qui étaient dedans, passa au petit trot sous la fenêtre, puis tournant avec la route à l'angle de la maison, elle disparut. M. Coe, au bout d'une minute, alla à la porte du logis en exprimant son étonnement. Où son frère et sa belle-sœur avaient-ils pu aller? Jamais jusqu'ici ils n'avaient passé devant la maison sans s'arrêter. Un plus grand étonnement les attendait. Cinq minutes après, comme ils étaient assis autour du feu, entre Marie, la fille de Robert Coe, jeune femme de vingt-cinq ans environ, robuste, bien portante et connue pour son bon sens. Elle était pâle, agitée et en ouvrant la porte : — Oh! ma tante, s'écriat-elle, j'ai eu si peur! Mon père et ma mère ont passé près de moi sur la route, sans me dire un mot. Je les ai regardés, mais ils n'ont pas détourné les yeux ni ouvert la bouche. Il y a un quart d'heure, quand je suis partie pour venir ici, ils étaient assis près du feu. Qu'est-ce que cela peut signifier? Et je suis certaine cependant qu'ils m'ont vue.

Mary n'était pas là depuis plus de dix minutes, quand M. Mountford, regardant encore par la fenêtre, vit de nouveau la voiture sur la route. « — Impossible, repond M. Coe, il n'existe pas de chemin par lequel ils aient pu regagner la route, et cependant, oui, c'est bien eux! Comment, au nom du ciel, ont-ils fait? »

Tout le monde courut à la fenêtre, et vit arriver Robert et sa femme dans la même voiture et avec le même cheval que dans l'apparition. Je dis — apparition — car des explications que les deux familles échangèrent, il résulta qu'il fallait se résigner à admettre une hallucination.

Voici un fait curieux de pressentiment :

« Le soir du 23 mars 1883, dépose une dame Bettany, de Woolwich, je me sentis subitement prise d'une vive inquiétude que rien ne semblait pourtant motiver au sujet d'une de mes voisines et amies, madame J... Je ne pouvais m'expliquer cette impression, et pourtant elle m'agita toute la nuit à tel point que, le lendemain matin, à la première heure, j'envoyai ma domestique savoir s'il n'était rien arrivé à madame J... On me répondit qu'elle était morte presque subitement la veille au soir. Sa fille ajouta que la mourante l'avait surprise au dernier point en lui disant : Madame Bettamy sait que je meurs. »

On peut lire, dans un volume bien oublié d'un certain Charles Maurice, qui laissa dans le monde théâtral de Paris une fâcheuse réputation, volume intitulé : — *Épaves* — le récit suivant. Il se trouvait avec sa femme à la Porte-Saint-Martin, quand celle-ci lui dit d'un ton effrayé : — Retournons vite à la maison, il arrive quelque chose. Le mari commença par protester, mais sur l'insistance de sa femme, il revint chez lui. Un domestique en qui ils avaient la plus grande confiance avait profité de leur absence pour les dévaliser.

Encore du livre des fantômes :

« Deux élèves ingénieurs de Portsmouth se livrent à des expériences d'hypnotisme. L'un d'eux acquiert bientôt la faculté de voir dans le sommeil magnétique les lieux ou les personnes sur lesquels il a fixé sa pensée avant d'être endormi. Une première fois, il exprime l'intention de voir une jeune fille qui habite Wandsworth, et à son réveil, il déclare l'avoir vue dans sa salle à manger. Le lendemain, l'expérience est renouvelée : il dit en se réveillant l'avoir vue dans sa chambre, en compagnie de son petit frère, il ajoute qu'elle s'est renversée dans sa chambre comme évanouie. Deux jours plus tard arrive une lettre de la jeune fille disant : — Vous est-il arrivé quelque chose... vous m'êtes apparu deux fois de suite, à vingt-quatre heures de distance, et la seconde fois, j'ai été si épouvantée que j'ai perdu connaissance. »

L'année dernière, un médecin des plus éminents de Londres communiquait à la *Leisure Hour* le récit qu'on va lire.

Cette observation emprunte un réel intérêt, dit le journal le *Temps* qui l'a reproduite, aux habitudes scientifiques de celui qui l'a recueillie avec une précision rigoureuse.

« Il y a deux jours, dit-il, j'ai été le sujet d'une illusion spectrale que je crois utile de noter exactement. La chose s'est produite en plein jour, dans ma bibliothèque. C'est une pièce d'environ sept mètres carrés, éclairée au nord par deux fenêtres. Le fauteuil où je m'asseois pour lire tourne le dos à une de ces fenêtres, à gauche de la cheminée. En face de ce fauteuil se trouve un petit casier à livres, dont le sommet est à peu près au niveau de mes yeux quand je suis assis. Le mur qui fait face à la cheminée est occupé par des casiers plus larges et plus hauts, fixés à une cloison qui sépare la pièce du couloir conduisant à la porte de la rue. Le bruit des coups de sonnette ou de marteau y arrive donc beaucoup plus distinctement qu'il n'est utile ou agréable. Entre onze heures et midi, je lisais dans mon fauteuil, quand je me sentis envahi par le sommeil, contre toute habitude à cette heure, et je me laissai aller à la tentation... Je ne tardai pas à devenir inconscient, car il ne s'agissait là que d'un simple assoupissement passager : combien de temps je restai dans cet état, c'est ce que je ne puis dire avec certitude. Je sais seulement que ce temps ne pouvait guère avoir dépassé dix où quinze minutes, quand je fus réveillé en sursaut par le double coup de marteau si familier et si net du facteur de la poste. En ouvrant les yeux, je vis devant moi, debout sur le tapis du foyer, un homme qui me regardait et qui m'etait inconnu. Il pouvait avoir trente ans, c'était un personnage au type juif, à la taille élancée, vêtu d'une redingote sombre et un peu large, qui semblait de coupe exotique : il avait pour coiffure un chapeau haut, de forme évasée par la partie supérieure, comme le chapeau du pays de Galles. Son teint etait brun, ses traits allongés et son nez aquilin. Ses sourcils n'étaient pas très épais, mais bien arqués et noirs comme sa moustache et sa barbe peu abondante. Je restai quelques instants à le contempler en me disant : — C'est un juif ! — Mais je ne m'arrêtai pas d'emblée à cette conclusion et dans cette sorte de doute, je murmurais toujours mentalement : — Qui êtes-vous donc? Que me voulez-vous? Au moment même où je me posais ces questions, un sourire légèrement ironique passa sur les lèvres du spectre. Il se raréfia aussitôt, de telle sorte que je voyais distinctement au travers de son corps le casier placé derrière lui. L'instant d'après, l'apparition avait disparu et je me retrouvais les yeux fixés sur la rangée de livres supérieure du casier. »

A la suite de ce récit, le médecin en question se livre à une sorte d'examen de conscience, il est certain qu'il ne dormait pas, la lecture que le court acces de sommeil avait interrompue n'était nullement de nature à surexciter son système nerveux. Et il conclut :

— La question des rêves et des images mentales est si mystérieuse que je ne hasarde à ce sujet aucune opinion, me contentant de noter au passage un fait authentique et qui pourra peut-être aider à résoudre le probleme. »

Nous pourrions multiplier ces citations à l'infini. De tout temps les mêmes manifestations ont été signalées.

Nier l'invisible, c'est vaniteusement nier l'incompréhensible.

La terre est un point dans l'univers, l'homme est un point sur la terre, le microbe est un point dans la série naturelle. L'univers est invisible à la terre, la terre est invisible à l'homme qui n'en connait que l'extrême surface, l'homme est invisible au microbe.

Entre les êtres, à quelque degré de l'échelle qu'ils se trouvent, existe cette relation limitative du visible et de l'invisible.

Déjà, grâce à des grossissements puissants, l'homme a pu constater l'infini grouillement des éléments les plus grossiers d'une partie de l'invisible. Est-il logique d'affirmer que l'air, l'espace, l'immensité, l'au-delà des sphères auxquelles l'astronomie peut atteindre soient vides parce que nos sens sont inaptes à en percevoir la plénitude ?

Mais tels possèdent des sens plus aigus, tels

autres sont en possession d'appareils optiques plus forts et pour ceux-là l'invisible se fait visible.

Pourquoi, encore une fois, poser une limite, puisque nous savons que dejà d'autres limites ont été franchies, que de plus ignorants que nous avaient déclarées infranchissables.

Surtout ne sent-on pas ce que les sens matériels ou psychiques peuvent acquérir d'intensité à la suite d'un traitement raisonné. Les formules des plus simples équations sont lettre morte pour qui n'a pas appris l'algèbre.

La science occulte n'existe pas pour celui qui ne s'est pas engagé résolument sur le sentier qui y conduit.

Dans notre vie ordinaire, nous passons vingt ans de notre vie à apprendre, à arriver au niveau moyen des intelligences les plus modestes.

Admettra-t-on que pour s'élever à une sphère plus haute de connaissances, il puisse suffire de montrer quelque curiosité, d'ouvrir quelques livres et de manifester quelques désirs.

Au contraire, il s'agit ici d'obliger l'intelligence à ce que nous appellerons en quelque sorte un saut dans l'espace ; plus que jamais l'attention, la persévérance et surtout l'intuition, fille de la méditation, sont nécessaires. Ce n'est pas seulement contre l'ignorance qu'il faut lutter, nous ne bâtissons pas sur le terrain nu, sur table rase, mais, avant de creuser des fondations, il nous faut déblayer le sol de toutes les erreurs, de tous les préjugés que la routine y a entassés.

Le plus difficile est de comprendre que nous avons encore des connaissances à acquérir et que toute la science n'est pas dans les encyclopédies.

M. Renan dit dans ses dialogues qu'il lui faudrait un miracle, un fait surnaturel bien constaté pour qu'il renonçât à sa croyance dans la fixité des lois de l'univers.

Quelles sont ces lois ? qui peut se vanter de les connaître ?

Les lois, telles que nous les établissons, ne sont que la résultante d'un nombre de faits très limités, à nous connus, et qui, on doit le remarquer, se produisent ou sur l'étroite terre que nous habitons, ou dans la sphère limitée dont nous pouvons avoir la perception.

Ne faut-il pas tenir compte, ainsi que le fait M. Flammarion dans ses calculs étourdissants pour l'imagination, de l'immensité des espaces qui nous sont inconnus ?

Relativement à ces espaces, tout ce que nous connaissons peut n'être qu'un accident, une sorte de cas tératologique sur lequel nous raisonnons aussi faussement que le ferait l'homme qui, n'étant jamais sorti de sa ferme, et ayant vu naître chaque année des animaux atteints d'une difformité héréditaire, serait convaincu qu'elles sont la résultante d'une loi générale, exigeant telle proportionnalité de monstruosités dans les naissances.

L'univers est à notre terre ce que celle-ci est à

la molécule gazeuse la plus diluée et encore la comparaison, pour être intelligible, est-elle en dehors de tout calcul possible.

Ces mots, — les lois de l'univers — sonnent effroyablement faux, quand il s'agit de manifestations purement physiques, accidentelles peut-être. Quel rapport existe entre les lois de l'univers, expression d'une infinie largeur et les faits que mille témoins attestent et qui ne semblent anormaux, impossibles que parce qu'ils semblent contradictoires avec les quelques règles que nous avons cru pouvoir énoncer et inscrire dans nos livres.

En acceptant même la gravitation comme loi universelle — et elle peut n'être loi que pour la minime portion de l'univers dont nous faisons partie — en quoi la lévitation, par exemple, lui porterait-elle atteinte ? L'homme aurait conquis une faculté nouvelle qui lui permettrait, non de s'y soustraire, mais de lui opposer une énergie supérieure.

Les lois de l'univers seraient-elles troublées parce que des morts reparaîtraient ?

Quelle est d'ailleurs celle de ces lois qui est absolument, réellement contraire à ce phénomène. Il ne faut pas pourtant ériger en loi ce qui n'est qu'une habitude de croyance.

Ne nous payons pas de mots : entre les lois de l'univers et nos opinions personnelles, il peut y avoir un abîme.

C'était une loi jadis que la nature eut horreur

du vide. C'est une loi aujourd'hui que la pression de l'air fait monter le mercure dans la tige du baromètre.

Un adage dit : « Quand on est mort, c'est pour longtemps. » Les fantaisies imaginatives des religions n'ont fait que le confirmer par l'absurdité de leurs conceptions.

Cependant, les faits cités, — attestés avec autant de netteté que des experiences de laboratoire — semblent infirmer le *toujours* implicitement contenu dans ce longtemps.

Tout indique, prouve qu'il y a un au-delà.

Si savant, si douteur que l'on soit, que répondre enfin au document que nous allons citer et qui, visant un fait stupéfiant, naguère raconté sous forme de conte quasi-fantastique par Mérimée, constitue un témoignage dont l'authenticité ne peut être mise en doute et qui n'a eté publié que dans ces dernières annnées :

— Moi, Charles XI, roi de Suède, dans la nuit du 16 au 17 septembe 1876, je fus tourmenté plus que de coutume par ma maladie mélancolique. Je me réveillai à onze heures et demie, quand, ayant dirigé mes yeux par hasard vers ma fenêtre, je m'aperçus qu'il faisait une grande lumière dans la salle des États. Je dis au chancelier Bjelke qui se trouvait dans ma chambre : — Qu'est-ce que cette lumière dans la salle des États ? je crois qu'il y a le feu. Mais il me répondit : — Oh ! non, sire, c'est l'éclat de la lune qui brille contre les vitres des fenêtres. Je fus content de cette réponse et me retournai contre le mur pour prendre quelque repos, mais il y avait une grande inquiétude en moi, je me retournai de nouveau et j'aperçus encore l'éclat des vitres. Je dis alors : — Il ne se peut pas que cela soit dans l'ordre. Mon bien-aimé chancelier reprit : — Oui, c'est bien la lune. Au même instant entra le conseiller Bjelke, pour prendre de mes nouvelles. Je demandai à cet excellent homme s'il savait que quelque malheur, tel qu'un incendie se fût produit dans la salle des États. Il me répondit après un silence : — Dieu merci, il n'y a rien, seulement le clair de lune fait croire qu'il y a de la lumière dans la salle des États. — Je me tranquillisai un peu, mais comme je regardai de nouveau du côté de la salle, il me parut qu'il y avait là des gens. Je me levai et mis une robe de chambre, j'ouvris alors la fenêtre et je vis qu'il y avait dans la salle des États une quantité de lumières. Je dis alors : — Bons serviteurs, cela n'est pas dans l'ordre. Vous savez que celui qui craint Dieu ne craint rien autre au monde. Je veux aller voir là-dedans pour savoir ce que cela peut être.

» J'ordonnai donc aux assistants de descendre chez le vaguemestre pour lui dire de monter avec les clefs. Quand il fut venu, j'allai vers le passage secret qui est au-dessus de ma chambre, à droite de la chambre à coucher de Gustave Ericson. Quand nous y fûmes, je dis au vaguemestre d'ouvrir la porte, mais par crainte, il me pria de lui faire la grâce de ne point l'exiger. Je priai alors le chancelier, mais lui aussi m'opposa un refus. Je priai alors le conseiller Ocenstierno, qui jamais n'eut peur de rien, d'ouvrir cette porte, mais il me répondit :

— J'ai, une fois, juré d'exposer pour votre Majesté mon corps et mon sang, mais non d'ouvrir cette porte.

« Alors, je commençai moi-même à me sentir confondu, mais reprenant courage, je pris les clefs, j'ouvris la porte et je trouvai que tout, dans le passage, était tendu de noir, même le parquet. Moi et toute la compagnie, nous étions tout tremblants. Nous allâmes vers la porte des États. J'ordonnai de nouveau au vaguemestre d'ouvrir la porte, mais il me suplia de l'épargner : je priai alors les autres personnes qui m'accompagnaient, mais ils me demandèrent la faveur de ne pas faire ce que je voulais. Je pris donc les clefs et ouvris la porte, et quand j'eus avancé le pied, je le retirai aussitôt en grande confusion. J'hésitai un instant, puis je dis : — Bons seigneurs, si vous voulez me suivre, nous verrons ce qui se passe ici, peut-être que le bon Dieu veut nous révéler quelque chose. Ils me répondirent tous à voix basse : « Oui », et nous entrâmes.

» Nous vîmes une grande table autour de laquelle étaient assis seize hommes d'un âge mur et d'aspect digne qui avaient devant eux chacun un grand livre et, au milieu d'eux, un jeune roi de seize, dix-sept ou dix-huit ans, la couronne sur la tête et le sceptre à la main. A sa droite était assis un seigneur de haute taille, de belle mine, qui pouvait avoir quarante ans : son visage respirait l'honnêteté et il avait à ses côtés un homme de soixante-dix ans. Je remarquai que le jeune roi secoua plusieurs fois la tête, tandis que les hommes qui l'entouraient frappaient de la main sur les grands livres qui étaient devant eux. Je détournai les yeux et je vis alors, près de la table, des billots et des bourreaux qui, les manches retroussées, coupaient une tête après l'autre, si bien que le sang commença à couler sur le plancher. Dieu m'est témoin que j'eus plus que peur. Je regardai à mes pantoufles si le sang venait jusque là, mais il n'en était rien. Ceux qu'on décapitait étaient pour la plupart des jeunes gentilshommes. Je détournai les yeux et je vis dans un coin un trône qui était presque renversé, et à côté se tenait un homme qui paraissait être le régent. Il était âgé d'environ quarante ans. Je tremblais et je frissonnais en me retirant vers la porte et je criai : « Quelle est la voix du Seigneur que je dois entendre ? O Dieu, quand tout cela doit-il arriver ? » Il ne me fut pas répondu, mais le jeune roi secoua plusieurs fois la tête, tandis que les hommes qui l'entouraient frappaient plus durement sur leurs livres. Je criai encore plus fort : « O Dieu, quand cela doit-il arriver ? Fais-nous, ô Dieu, la grâce de nous dire comment il faudra alors nous comporter. »

» Alors, le jeune roi me répondit :

» — Cela ne doit pas arriver de ton temps, mais seulement au sixième souverain depuis ton règne et il sera de l'âge et de la figure que tu me vois, et celui qui est là montre comment sera son tuteur, et le trône sera près d'être ébranlé dans les dernières années de sa tutelle par quelques jeunes nobles : mais alors, le tuteur, qui précédemment avait persécuté le jeune roi, prendra sa tâche au sérieux, il raffermira le trône, si bien qu'il n'y aura jamais eu de plus grand roi en Suède que celui-ci, et qu'il n'y en aura pas non plus de plus grand après et que le peuple sera heureux sous son sceptre, et ce roi atteindra un âge extraordinaire, il laissera le royaume sans dettes et plusieurs millions dans le trésor. Mais avant qu'il se soit affermi sur le trône, il y aura des ruisseaux de sang répandus, comme jamais auparavant en Suède et jamais après. Laisse-lui, comme roi de Suède, de bons avis.

» Quand il eut dit cela, tout disparut et il n'y eut plus que nous dans la salle avec nos lumières. Nous nous retirâmes dans le plus grand étonnement, comme tout le monde peut l'imaginer, et lorsque nous repassâmes par la chambre garnie de noir, cela aussi était parti et tout se trouvait dans l'ordre habituel. Nous retournâmes dans ma chambre et aussitôt je m'assis pour consigner cet avertissement aussi bien que je le pus. Et tout ceci est vrai. Je l'affirme de mon serment, aussi vrai que Dieu me soit en aide.

» CHARLES XII, *roi présent de Suède.*

» Comme témoins présents sur les lieux, nous avons tout vu, comme sa Majesté l'a écrit, et nous confirmons le récit de notre serment, aussi vrai que Dieu nous soit en aide.

> » CHARLES BJELKE, *chancelier;* N.-W. BJELKE, *conseiller;* A. OSCENSTIERNA, *conseiller;* PIERRE GRAUSLEN, *vaguemestre.* »

Cette pièce, existant aux archives du royaume, revêtue des caractères de l'authenticité la moins discutable, a été publiée dans l'histoire de Carlson.

Est-ce que, par hasard, le surnaturel existerait ?

LIVRE II

LES VIVANTS ET LES MORTS

LIVRE II

LES VIVANTS ET LES MORTS

CHAPITRE PREMIER

LA GENÈSE NATURELLE

Il est des lâchetés singulières.

Tous les hommes de notre génération, même les plus intelligents, reculent devant la position très simple de la question, qui, par les considérations qui précèdent, est fatalement amenée :

— Y a-t-il une vie future ?

En d'autres termes encore plus clairs : la mort est-elle la fin de l'homme, ou plutôt le terme auquel vient échouer l'effort de la nature dont l'homme est à ses yeux du moins la résultante la plus parfaite ?

Chaque année, en France, pendant deux journées d'automne, les foules, sans distinction de classes, témoignent d'un respect, d'un souvenir tout particulier pour les morts. Les questions de religion n'ont en cette circonstance spéciale qu'un rôle très secondaire. Les libres-penseurs, ceux-là mêmes qui s'intitulent athées, qualificacation juste, du moment qu'elle implique la négation du dieu des églises, acceptent cette sorte de rendez-vous donné par les vivants à ceux qui ne sont plus, par le présent au passé. Il est en tous un instinct si puissant que l'homme qui insulterait un cadavre, paraîtrait, aux plus exaltés, un lâche et un misérable.

Ces jours-là, les abstentionnistes raisonnés se sentent touchés de cette manifestation sentimentale, soit qu'ils l'attribuent à une habitude invétérée, soit qu'ils comprennent vaguement qu'elle émane du fond même de la conscience de l'homme.

En vérité, il serait impossible de nier qu'en cette unanimité non commandée, — car elle ne procède d'aucune obligation législative — le philosophe constate un sentiment en quelque sorte instinctif de sympathie, de respect pour les morts, c'est-à-dire pour ceux qui, avant nous, ont accompli sur notre terre une partie de l'évolution physique et psychique.

A quelle pensée intime répond-elle ? N'est-ce bien là qu'une superstition, née d'un défaut d'éducation, ou bien qu'un acte de soumission à des dogmes religieux, d'autant plus mal compris qu'on cherche moins à se les expliquer.

Les naïfs, doués d'imagination, les poètes, les rêveurs obéissent-ils seulement aux suggestions d'une fantaisie émue quand ils affirment que ce jour-là les morts les voient, les remercient, leur sourient ?

En un mot, ce sentiment est-il de ceux qu'il convient de railler ? Faut-il l'extirper, comme tant d'autres, de la conscience humaine, sans tenir compte de la profondeur de ses racines, ou au contraire devons-nous l'étudier et encore une fois interroger le sphinx qui détient le secret de la vie et de la mort ?

La logique même de notre époque veut que nous nous arrêtions à ce dernier parti.

Il est temps de ne plus reculer devant l'interrogation qui nous brûle les lèvres :

— Qu'est-ce que la mort ?

Il est très simple de répondre par l'indifférence la plus absolue. Que nous importe ? Et pourtant quand on constate qu'en tous les temps, sous toutes les latitudes, le problème s'est posé devant tous, il appert — comme disent les gens de loi — que la conscience humaine n'accepte pas, sans protestation, cette fin de non recevoir.

Que la mort implique désorganisation, rentrée dans le grand tout des molécules constitutives du corps humain, nul ne le nie, mais pour préciser encore plus nettement le problème, il est certain qu'en dépit de tous nos efforts pour lui échapper, il nous hante et se formule ainsi :

— Après la mort, l'individualité, la personnalité subsiste-t-elle?

Car de la pérennité des molécules matérielles, nul ne doute, le circulus de Pierre Leroux, si moqué, est aujourd'hui accepté par les plus indifférents. La matière retourne à la matière et recommence l'évolution.

Le seul doute, l'inconnu, c'est donc cette formule : — L'individualité.

Les matérialistes prétendent qu'elle disparait, les spiritualistes lui prêtent au contraire une existence définitive et éternelle. Entre ces deux thèses, aucune conciliation ne semble possible, sans que jusqu'ici les uns et les autres aient songé à changer les termes de l'énigme en la ramenant à sa plus simple expression :

— Qu'est-ce que l'individualité ?

Dès le début de cette etude, il importe que la raison se dégage d'idées qui ne sont fausses que parce qu'elles n'ont pas été interprétées. Il semble qu'on parle une langue sans savoir ce que les mots signifient. On les prononce, mais chacun leur attribue le sens qui convient le mieux à ses préjugés ou à ses besoins.

Chacun se fait, à sa satisfaction personnelle, une définition de ce mot d'individualité. Pour l'homme, il semble que l'individualité — destinee à disparaître ou à subsister — se compose aujourd'hui et dans l'éternité, du faisceau des attributs physiques et moraux qui constituent notre individualité présente. Ce que nous appelons notre personnalité est — et nous le sentons bien — un agrégat de sensations, de besoins, d'aptitudes, de désirs, qui dépendent en réalité du milieu où nous sommes nés, où nous avons été élevés, où nous vivons actuellement, et qui se modifient à mesure que l'évolution vitale s'accomplit, en des lieux et des conditions diverses.

Notre *moi* — et c'est là le point premier sur lequel il convient d'insister — l'essence même de notre individualité persistante, dégagée de toutes les modifications que lui apportent les contingences de chaque jour, de chaque minute, est toute autre chose que ce que nous appelons vaguement — ou plutôt beaucoup trop positivement — notre individualité.

Notre individualité, c'est, selon nous, un être qui peut être plus ou moins intelligent, mais qui en outre aime ou n'aime pas à fumer, qui craint l'alcool ou au contraire abuse de l'absinthe, qui aime les blondes ou les femmes maigres. C'est là le *moi*, avec toutes ses passions, ses sympathies mesquines ou ses antipathies étroites, ses vertus ou ses vices, et quand on parle de survivance, c'est sur ce — *moi* — très relatif que l'on discute.

La théorie chrétienne, avec son anthropomorphisme grossier et persistant, a contribué fortement à cette male intelligence du *moi*. N'est-ce pas elle en effet qui a prêché la résurrection des corps, exploitant on ne sait quelles aspirations molles et paresseuses, pour nous faire entrevoir un paradis contemplatif et musical?

Même abus de confiance intellectuel dans la religion musulmane où la possession continue de la femme constitue la joie paradisiaque, dans les antiques religions, celtes ou scandinaves, où les élus seront toujours vainqueurs, les damnés toujours vaincus dans un éternel combat.

C'est surtout dans la conception de leur enfer que les religions recoururent, pour la notion de l'éternelle douleur, à ces éternités de la chair et du corps.

Avoir peur du feu en ses membres, en ses muscles, de l'arrachement des ongles ou des yeux, du plomb fondu dans les oreilles ou du tenaillement à fer rouge des cuisses et des mamelles, c'est sentir mieux que par tout raisonnement la contrainte de la conversion.

C'est dans un intérêt de propagande que les religions nous ont imposé la croyance à la pérennité de notre être présent, actuel, matériel : elles nous ont montré pendant l'éternité l'homme jouissant les jouissances ou souffrant les souffrances que nous avons appris à connaître, histoire des enfants à qui on inspire bêtement la crainte de Croquemitaine.

Elles ont été servies par ce sentiment de niaise vanité qui nous persuade que nous constituons le summum du bien possible : et si des milliards d'êtres ont pu croire que la vie future n'était qu'un changement de lieu, mais non un changement d'état, c'est que leur imagination ne pouvait concevoir rien de plus parfait, de plus digne de l'éternité que notre forme actuelle.

Ils se sont attachés si étroitement — de par cet enseignement intéressé — au présent — pour eux alpha et oméga — qu'ils ont admis même la reconnaissance en un monde futur des êtres avec lesquels ils avaient vécu, le renouement de liens que la mort avait brisés...

Idée en soi delicate, mais illogique, si on ne l'élargit pas, si on ne lui donne pas une base plus solide, plus réelle, plus conforme aux enseignements de la raison et de la science.

Et d'ailleurs avec quelle facilité ce système de résurrection des corps peut être combattu !

Si les corps revivent, avec leurs attributs physiques, en quel état d'âge, d'apparence sera le ressuscité ? Tel était fort beau, petit, qui a singulièrement enlaidi en vieillissant. Et que dire de la persistance de l'être intellectuel et moral ?-Il est fort peu d'hommes parfaits, on en a même rencontré qui n'étaient ni excellemment honnêtes, ni parfaitement intelligents. Les retrouvera-t-on avec leurs laideurs et leurs sottises ?

A ces questions, les religions répondent par des pétitions de principe.

Et cela c'est parce qu'elles exploitent notre fausse conception de l'individualité.

Cette individualité, nous ne la connaissons

pas nous-mêmes, voilée qu'elle est à nos propres yeux par les illusions de la forme et les mirages de la pensée, incessamment métamorphosée.

— Connais-toi toi-même, disait l'antique sagesse.

Et en ce peu de mots, elle posait le vrai problème. Qui sait au juste cè qu'il est ? Ne luttons-nous pas à chaque minute, *moi* que nous sommes, contre un autre *moi*, obscur, latent qui nous résiste et cherche à nous dominer.

Au milieu des luttes qui lui impose la nécessité vitale, l'homme ne parvient pas à s'abstraire des contingences assez nettement pour parvenir à la connaissance de ce qu'il est réellement.

Entre les divers *moi* dont je me sens composé, quel est le véritable *moi* ?

La résurrection adéquate à la vie ! mais qu'on y songe ! Avec ressouvenir des états passés ! Retrouver éternellement le souvenir des douleurs ressenties et des injustices subies ! Est-ce donc là ce que nous pouvons souhaiter, inventer, alors que la moitié de notre vie se passe à tenter d'oublier le mal qu'on nous a fait ou que nous ayons fait aux autres ! Pourquoi cette mémoire ne s'attacherait-elle qu'aux souvenirs heureux ! Et encore est-il donc pour nous tant de souvenirs heureux qu'ils puissent remplir une éternité ?

L'absurdité éclate.

Et alors la logique sèche prétend avoir substitué à ces illusions mauvaises une réalité meilleure, l'anéantissement final, décisif, tout de l'homme disparaît, désagrégé, emporté par le tourbillon de la Nature qui ne crée que pour détruire, éternelle Pénélope qui travaille sans but, sans ordre, Ixion condamné à l'éternel supplice de la roue.

A cette conception à laquelle il ne convient pas de reprocher sa dureté désespérante — car la nature n'a pas à tenir compte de nos sentimentalités — la science a déjà répondu en émettant l'impeccable théorie de la conservation de l'énergie. Rien ne se perd, toute action se perpétue, en se modifiant selon les conditions dans lesquelles elle s'exerce. La mort dans son sens néantiste, est une cacologie, elle n'est qu'un changement d'état, un stade de l'évolution.

Ici point une conception plus large :

Avant de demander où va la mort, il importe de rechercher ce qu'est la vie.

On est immédiatement frappé de ce fait que la mort a son adéquation parfaite, exacte en cet autre terme, la naissance. Entre ces deux pôles, naissance et mort, oscille toute l'existence, enchaînement de phénomènes visibles sur lesquels il nous est permis d'étayer un raisonnement et de bâtir nos déductions.

De la naissance à la mort, traçons une ligne droite, et aussitôt nous constatons qu'au delà de ces deux limites elle peut être indéfiniment prolongée.

Avant le point initial, la naissance, il y a un passé. Les temps sont finis où on attribuait à un dieu la création de toutes pièces d'un être sans autre point de départ qu'un caprice céleste. Nous savons aujourd'hui que l'homme est une résultante, une descendance, un organe de filiation. Nous suivons, dans le laboratoire de la nature, la série d'opérations qui a précédé l'éclosion du produit final que nous sommes. Nous savons qu'avant la naissance l'homme existait en germes concrets ou disséminés, minéraux, végétaux et animaux, qu'en sa constitution tous ces éléments préexistants se retrouvent, placés en état de réaction nouvelle et, il nous semble, progressiste.

La Nature nous montre une continuelle évolution, developpement de l'énergie s'affinant sans cesse en manifestations d'autant plus puissantes qu'elles semblent plus délicates.

— Dans les organismes les plus bas, dit Tyndall, on trouve une sorte de sens tactile répandu à la surface de tout le corps : alors par suite d'impressions du dehors et des adaptations qui leur correspondent, des portions spéciales de la surface deviennent plus que les autres sensibles aux stimulants. Les sens sont à leur état naissant, leur base commune est ce simple sens du toucher que le sage Démocrite, il y a 2300 ans, reconnut comme étant leur origine commune. L'action de la lumière semble être dans le règne animal un simple trouble de nature chimique semblable à celui qui s'effectue dans les feuilles des plantes. Par degrés, l'action se trouve localisée dans un nombre de cellules pigmentaires plus sensibles à la lumière que le tissu qui les environne. L'œil commence. Il est d'abord capable de révéler les différences de lumière et d'ombre produites par les corps très voisins. Comme l'interception de la lumière est presque toujours suivie par le contact du corps opaque adjacent, il en résulte que la vue devient une sorte de toucher anticipé. L'adaptation continue, il survient au-dessus des granules pigmentaires un léger gonflement de l'épiderme, une lentille commence à se former, et par suite d'une infinité d'adaptations, elle finit par atteindre la perfection qui caractérise l'œil d'un faucon et d'un aigle.

Et il en est de même pour les autres sens, qui sont des différenciations spéciales des tissus.

Ainsi nous pouvons suivre à travers la filière ininterrompue de la genèse naturelle la marche des facultés dont l'éclosion se continue du minéral à énergie latente jusqu'à l'animal où elle se révèle sous forme d'instinct raisonnant.

L'homme venu, pourquoi l'évolution s'arrêterait-elle ? Il appartient au minéral par sa structure interne, au végétal par son organisation cellulaire, à l'animal par ses facultés de locomotion et d'adaptation cérébrale. Est il le but, le terme, le nec plus ultra ? où est la preuve de cet arrêt subit de l'évolution ? La simple logique veut autre chose, elle réclame une persistance de l'effort, et en vertu de l'analogie qui est la vraie source du raisonnement, nous sommes fatalement entraînés à poser l'hypothèse d'un stade naturel postérieur à l'humanité et qui soit distant d'elle autant qu'elle-même est distante de l'animalité.

De même que l'homme est un animal perfectionné, l'être qui le suit sera un homme perfectionné ; par analogie à ce qui s'est passé, la partie solide se purifiera, se diluera au profit de la partie psychique. Se dégageant non-seulement des éléments végétaux et animaux qui lui imposaient l'existence végétative et animale, mais des souffrances, des désirs, des passions, liés à ces éléments et à la satisfaction des besoins qu'ils impliquaient, la force intelligente, spirituelle, consciencielle, se dégagera de plus en plus, deviendra plus active, plus épurée, plus puissante... et une autre période d'évolution commencera.

Et l'évolution continuera encore ? Jusqu'où ? Ici en dehors de la tendance dont nous discernons la direction, l'analogie nous fait defaut, car jusqu'ici du moins nous ne savons rien de ce qui s'est passé au début de l'evolution et le principe d'Hermès : — Ce qui est en haut est comme ce qui est en bas — est encore voile pour nous sous les profondeurs de nos ignorances.

La mort n'est donc qu'un stade de l'évolution, elle n'est pas une destruction, un anéantissement : mais que subsiste-t-il après la mort de ce qui est nous ?

Ce n'est pas l'homme total, tel que nous le connaissons, ce n'est pas l'activité cérébrale dans toutes ses manifestations dont la plupart n'au-

raient aucune raison d'être dans un milieu autre
que celui où nous vivons.

Mais d'autre part cette métamorphose, si elle
existe, sera-t-elle donc si brusque, si profonde
qu'en l'être qui nous suit sur l'échelle naturelle,
rien ne rappelle la nature précédente. Entre le
minéral et le végétal, la séparation s'accomplit
insensiblement, plus encore peut-être entre le
végétal et l'animal et de celui-ci à l'homme ; il
semble en verite que le degré de parenté soit si
proche qu'il ressemble à une collatéralité.

...Mais c'est se battre contre des moulins à vent
s'écriera le sceptique, hypocritement indifférent
à ces problèmes, il n'y a rien ! rien ! rien !

Alors à celui-là, nous répondons que la preuve
est faite qu'il y a quelque chose et nous le renvoyons à toutes les expériences rappelees en
la première partie de ce livre et dont des centaines ont dû être laissées de côté.

La force psychique existe, il y a là une évolution sur un autre plan que le plan hominal ; cette
force est dirigee par des intelligences, cette force
se manifeste à nous lorsque nos sens ont acquis
une acuité particulière, il est aussi enfantin de la
nier aujourd'hui que de se refuser à admettre la
polarité du corps humain. Elle est entrée, quoi
qu'on ait fait pour la repousser, dans le domaine
de l'expérimentation positive.

N'est-elle point d'aventure une indication encore vague de l'évolution prochaine ?

Et quand des apparitions comme celle de Katie

King se manifestent, est-il illogique de supposer
que ces accidents sont, quant au monde qui suit
le nôtre, quelque chose comme des phénomènes
d'atavisme en retour.

Et s'il nous est prouvé que depuis des milliers
d'années il existe une science, admirable dans sa
conception superbe, dans sa logique et qui nous
donne la compréhension parfaite de la constitution
de l'homme dans son état actuel et dans son évolution future, force nous sera bien de tenir compte
de cette prescience innée qui a toujours crié à
l'homme :

La mort n'est pas la fin.

CHAPITRE II

LES TROIS MONDES

Les religions occidentales définissent l'homme en deux termes, le corps et l'âme ; le corps, matière inférieure, finissable ; l'âme, faculté supérieure, immortelle.

Le corps est méprisable, c'est l'ennemi, c'est le poids qui attache à la terre l'âme dont la destinée est céleste. L'âme ne peut s'évader du corps que par la mort, elle est son prisonnier, elle est l'exilée qui aspire aux cieux. L'homme doit resister à son corps, le dédaigner, le briser par les macérations, l'épuiser par les jeûnes. Toute aspiration au bien-être, soit des individus, soit des peuples, est une trahison envers Dieu, un oubli des destinées éternelles.

Il est impossible d'expliquer l'influence réciproque de l'âme et du corps. Une émotion subite fait affluer le sang au cœur et pâlit le visage : mystère. Un coup de bâton sur le crâne éteint l'intelligence : mystère. Il y a indépendance absolue entre l'âme, principe supérieur, émanation de la divinité et le corps, guenille immonde. Il est bien dit quelque part que l'homme a été fait à l'image de Dieu, ce qui devrait contribuer à sa réhabilitation. Peu importe, tout raisonnement est interdit : qui se sent embarrassé doit interroger un prêtre qui ne répondra pas et pour cause.

Cette dualité de l'être humain qui ne rend compte d'aucun phenomène, qui confond sous le nom d'âme des facultés si diverses qu'il n'est pas d'analyse plus subtile ni plus difficile, est un article de foi. Autrefois on brûlait qui doutait, aujourd'hui on le damne, platoniquement par bonheur.

L'homme est sur terre pour expier un crime qui se perd dans la nuit des temps et sur la nature duquel il est impossible d'être positivement renseigné : il est l'éternel accusé sur lequel toujours est suspendu un jugement. A l'encontre de notre droit penal, il est d'abord présumé coupable, il faut qu'il se rachète autant que possible par dons à l'église, argument particulièrement efficace.

Religion obscure, avide et cruelle, ennemie de l'activité humaine, adversaire de l'intelligence, négatrice de tout progrès et de toute morale sociale, fautrice d'ignorance, d'hypocrisie et de trahison, ayant à son passif les persécutions les plus féroces et les crimes les plus odieux, bavarde de charité et foncièrement égoïste, n'ayant pour le

croyant que des promesses menteuses ou des me-
naces épouvantables, desorganisatrice de la
famille, arrachant l'enfant à la mère et la femme
au mari, corruptrice de son propre clergé qu'elle
forme à la tartuferie et qu'elle contraint aux vices
contre nature, orgueilleuse et basse courtisane
vendue au plus offrant, elle a nom le catholicisme.

Non pas le christianisme qui ne fut qu'une
erreur. Le catholicisme est un crime.

Il existe par contre en Orient une doctrine,
moins une religion qu'un vaste système philosophique et scientifique, dont les adeptes, souvent
persécutés, n'ont jamais été persécuteurs, dont
le mot caractéristique est *justice*, pure philosophie morale qui s'inspire de la loi de l'évolution et qui la suit jusqu'à son parfait achè-
vement, qui ne réclame pas la foi aveugle et
n'admet que la persuasion, née de l'étude et
de la compréhension, dont l'initiateur, Gautama
Bouddha, ne fut pas un dieu, mais un homme
moralement et intellectuellement superieur aux
autres, un illuminé certes, mais dans le sens sain
et humain, et dont le premier mot fût celui-ci :

— Le secret des misères humaines, c'est l'ignorance.

C'est le bouddhisme.

Il n'entre pas dans le plan de ce volume d'analyser cette philosophie dont la pureté et la logique
sont admirables : disons seulement que, qui saurait lire Schopenhauer la retrouverait presque
intacte.

Mais, restreignant cette étude au problème que nous avons posé, nous expliquerons, d'après la science orientale, la constitution de l'homme, la nature de la force psychique et nous nous efforcerons d'ouvrir devant nos lecteurs les vastes espaces qui sont offerts à l'activité humaine.

Cette doctrine, cette philosophie du Bouddhisme est si largement ouverte à toutes les aspirations intelligentes, qu'elle a pu voir se développer auprès d'elle, sans en prendre ombrage, une école dite Théosophique, particulièrement dévouée à l'étude des pouvoirs psychiques de l'homme, à l'examen des phénomènes dont le principe s'y trouve d'ailleurs implicitement contenu. L'Occultisme, c'est aussi le nom de la nouvelle école, s'efforce de remonter vers le Bouddhisme primitif, corrompu par ses prêtres, mais dont certains ont conservé la primitive et pure doctrine. Ici, il ne s'agit plus, sauf quelques réserves que nous exposerons plus loin, d'adoration stupide ni de superstition, mais de travail incessant, de recherches inarrêtées, d'adaptation des principes à la marche actuelle et future de l'humanité.

La Théosophie est la religion de la sagesse et ici religion est pris dans son sens étymologique de lien (1) entre les membres de la fraternité humaine.

Nous résumons ici ses propositions fondamentales :

---

(1) Religion, — de *Religare*.

L'esprit dans l'homme est la seule partie permanente de son être ; aucun acte ne peut se produire sans que le Grand Tout en ait la perception. Principe explicatif de la solidarité réelle. Faire le mal, c'est heurter une des lois de la nature : ce heurt a son contre-coup sur tout et sûr tous. De là la raison du bien, l'altruisme étant la seule forme raisonnée de l'égoïsme. Qui fait du bien aux autres, ameliore le monde et se fait du bien à lui-même.

Une substance éthérée est répandue dans tout l'univers ; réservoir de tous les événements passés et présents, elle garde la trace de tous les effets produits par les causes spirituelles, de tous les actes et de toutes les pensées provenant de la matière ou de l'esprit, on l'appelle Lumière astrale ou Akaça.

Les hommes peuvent, par un entraînement systématique, acquérir une vue de l'Akaça : leurs facultés intérieures, douées de vue, saisissent alors la loi des choses et la raison des faits. Ils peuvent acquérir la compréhension des Lois de la Nature et par cette notion accomplir des actes interdits à l'ignorance et que le vulgaire qualifie de miracles.

Comme moyens de s'elever à ces hauteurs, la Théosophie réclame :

« L'anéantissement de tout égoïsme. Un de ses axiomes absolus est la renonciation au Moi, qui est un fait, pour monter au principe qui est non seulement l'humanité, mais la totalité des Êtres. »

Le véritable occultiste n'a rien de commun avec le moine qui s'abstrait de la vie générale pour ne penser qu'à son propre salut. Il a pour premier devoir de se donner à tous :

« L'occultisme, dit madame Blavatsky, cette originale et parfois stupéfiante personnalité dont nous parlerons plus longuement, est la grande renonciation au Moi, renonciation inconditionnelle et absolue, en pensée et en action. C'est l'Altruisme, et pour jamais il écarte celui qui le pratique du nombre des vivants. Car aussitôt qu'il s'est voué à l'œuvre, ce n'est plus pour lui, c'est pour les autres qu'il vit. Sa personnalité doit disparaître, il devient une simple force bienfaisante de la nature.

« L'entraînement de la partie spirituelle de l'homme par la méditation, non par la récitation niaise de prières et l'égrénement de rosaires mais par la tension continue de l'intelligence sur le problème du bien universel.

« L'occultiste peut vivre de la vie générale et sociale, mais il doit rapporter toutes ses pensées et toutes ses actions au bien général et social. Par conséquent sacrifier ses propres intérêts à l'intérêt supérieur. Ne jamais espérer aucune récompense. Agir et laisser agir la justice immanente. »

Mise au pouvoir de ces hommes, la Force de la Lumière astrale ne sera jamais employée par eux dans un but égoiste.

A cette condition seule ils peuvent en être maîtres, sinon ils seraient comme l'imprudent qui manie la force électrique au hasard et tombe foudroyé.

La science occulte ne peut donc être que la science du bien et de la justice.

« L'individu, dit un des adeptes, Moini M. Chatterji, qui essaye de marcher en sens contraire de la nature, est sûr d'être broyé tôt ou tard par l'énorme pression de la force opposée. La seule manière pour l'homme d'atteindre le bonheur est d'assimiler sa conduite individuelle avec la force triomphante de la nature. La moralité, c'est l'identification de l'individu avec la loi universelle.

Qu'est-ce par exemple qu'un mensonge ?

L'homme qui, recevant une série déterminée de sensations, les prétend autres qu'elles ne sont en réalité, exerce le pouvoir de sa volonté en opposition avec une des lois de la nature, dont la vie universelle est dépendante ; il commet donc à la fois un meurtre et un suicide.

Ainsi de tout acte vicieux qui est une opposition à la marche normale de l'évolution, un grain de sable sous la roue déterminant un choc dont tous les voyageurs se ressentent.

Ainsi tous les effets et toutes les causes se confondent.

M. Taine a admirablement résumé cette théorie de la science occulte :

« Le progrès de la science — a-t-il dit, consiste à expliquer un ensemble de faits, non par une cause prétendue hors de toute expérience, mais par un fait supérieur qui les engendre. En s'élevant ainsi d'un fait supérieur à un fait supérieur encore, on doit arriver pour chaque genre d'objets à un fait unique qui est la cause universelle. Ainsi se condensent ces différentes sciences en autant de définitions d'où peuvent se déduire toutes les vérités dont elles se composent. Puis vient le moment où nous osons davantage : considérant que ces definitions sont plusieurs et qu'elles sont des faits comme les autres, nous y apercevons et nous en dégageons par la même méthode que chez les autres le fait primitif d'où elles se déduisent et qui les engendre. Nous découvrons l'unité de l'Univers et nous comprenons ce qui la produit. Elle ne vient pas d'une chose extérieure au monde ni d'une chose mystérieuse cachée dans le monde : elle vient d'un fait ¿éneral semblable aux autres, loi génératrice d'où les autres se déduisent... l'objet final de la science est cette loi suprême et celui qui d'un élan pourrait se transporter dans son sein, y verrait, comme d'une source, se dérouler par des canaux distincts et ramifiés le torrent éternel des événements et la mer infinie des choses. C'est à ce moment qu'on sent naitre en soi la nature. »

Telle est la Théosophie, telle est la science occulte.

Pour nous autres occidentaux, ces deux termes n'ont pas un caractère excellent.

Ce mot de Théosophie, avec sa racine, *Théos*,

Dieu, nous rappelle trop l'être personnel et anthropomorphe que les religions ont déshonoré en l'exploitant et rendu haïssable, en en faisant un instrument de persécution féroce ; il nous est bien difficile, en dépit de tous les raisonnements et de toutes les définitions, de dégager notre esprit des préjugés de répulsion que le passé a mis en nous. Ce qui est philosophie est accepté par tous, ce qui est divin est à juste titre tenu en défiance par le libre-penseur.

Un autre motif plaide aussi contre le mot Occultisme : l'esprit clair et libre des occidentaux, fils de la Révolution, a le dédain du mystère. La vérité doit être lumineuse et ne pas se cacher dans l'ombre d'un sanctuaire.

Tout ce qui est bon, tout ce qui est bien doit être proclamé tout haut, en plein jour. Ce sentiment qui est notre honneur est en contradiction avec l'idée d'une science occulte que l'on confond volontiers avec les jongleries d'une nécromancie ridicule ou criminelle. On ne comprend pas que la science n'est occulte que pour ceux qui n'ont pas le courage de la trouver. Le voile d'Isis n'est pas rivé à son front. Qui est digne de le soulever le trouve léger sous sa main.

Il y a là des équivoques regrettables que l'avenir dissipera et auxquelles nous ne nous arrêterons pas.

Passons sur la lettre.

Ne nous attachons qu'à l'esprit.

A la théosophie comme à l'occultisme nous ne

demandons, pour leur donner droit de cité, que la fidélité à leur saine devise :

« Il n'y a pas de religion plus élevée que la vérité. »

La nature a pour expression cette trinité :

Les Faits.

Les Lois.

Les Principes (1).

Les Faits, c'est-à-dire les manifestations extérieures de la substance en ses diverses contingences.

Le jour, la nuit sont des faits. La naissance, la mort sont des faits.

Les Lois, c'est à-dire l'adéquation d'un certain nombre de faits qui, étudiés, paraissent se renouveler toujours en une sériation identique!

Loi d'alternance des nuits et des jours, lois des mouvements cosmiques, appréciables à nos sens. Ensembles de coordinations.

Les Principes, raison d'être, cause première. Les Pourquois des Comments.

De là trois mondes :

Trois Mondes (2) composent l'Univers :

« Le Monde Physique.

« Le Monde Astral.

« Le Monde Spirituel.

(1) Cette classification appartient à M. de Saint Yves d'Alveydre ; il l'a exposée dans sa *Mission des Juifs*. Voir au dernier chapitre.

(2) Parlant à des Occidentaux, à des Français et à des Parisiens, nous ne nous attardons pas, quant à présent, aux quatre mondes de la Kabbale.

Chacun de ces mondes se subdivise lui-même ainsi qu'il sera exposé plus loin.

Selon qu'on part du monde physique, on songe à une série d'élévations, de raréfactions, de sublimations de la substance — ou qu'on part du monde spirituel, on conçoit une condensation, une descente, de l'esprit à l'Ether, de l'Ether à la Matière.

Nous employons les termes de la langue courante pour plus de clarté.

Ces deux aspects — *ascension* et *descension* — sont vrais. La Nature a un double mouvement qui va de bas en haut et de haut en bas, repassant dans la direction descendante par les stades de la direction ascendante et réciproquement.

Les mondes peuvent être figurés comme trois enveloppes se pénétrant l'une l'autre, à la fois unies et distinctes.

Le Monde spirituel produit et remplit le Monde astral qui produit et remplit le Monde matériel. Le Monde astral est la manifestation du Monde spirituel et le Monde physique est la manifestation du Monde astral. Il y a de l'un à l'autre dépendance et pénétrations intimes.

Dans les mondes, chaque manifestation est un monde. Toute molécule est un monde qui possède en elle les trois éléments, spirituel, astral et matériel.

L'homme est un Monde — le Microcosme — à la fois matériel, astral et spirituel.

L'homme qui a la notion des trois Mondes et

qui les sent en soi est un Initié, il est mûr pour l'évolution définitive qui est la rentrée dans la sphère de l'Esprit.

Celui qui a la notion de son astralité est un puissant entre les puissants, un magicien dans le sens exact du mot.

Celui qui a la notion du monde physique peut être un ignorant, en tous cas ne peut être plus qu'un savant.

Mais le savant, le vrai savant, peut, s'il le veut, s'élever au plan astral. Le magicien peut, s'il le veut, s'élever au plan spirituel.

L'initié est le Mage.

D'où cette échelle des supériorités :

Plan matériel — Savant —

Plan Astral — Magicien.

Plan spirituel — Mage.

Le Mage est maître des faits, des lois et des principes.

Le Magicien connaît les faits et les lois.

Le Savant ne sait que les faits.

L'Instruction met l'homme en possession des faits, l'Intuition le fait pénétrer dans le monde des Lois, l'Initiation seule lui fait franchir les limites du monde des Faits et des Lois pour l'emporter jusqu'au Monde des Principes.

Tout homme qui, par intuition, par cette faculté que nous appelons le génie, fait une découverte dans le monde des lois, est un voyant qui a pénétré dans l'astral.

Est un mage celui qui conçoit le principe des

choses, indépendamment de toute contingence
et de toutes manifestations.

D'où ces trois degrés :

La Perception-Sensation des faits ;

La Conception-Compréhension des lois ;

Le Sentiment-Intelligence des principes.

La savant conçoit qu'un groupement de faits
détermine une loi. L'inspiré seul a le sentiment
de l'action supérieure qui est la loi de la loi et
des lois, le principe.

Peu d'hommes connaissent les faits, un plus
petit nombre encore connaît les lois ; en est-il
qui connaissent les principes ?

— Mais ce que l'homme ne connaît pas n'en
existe pas moins.

Le sauvage ignore les chemins de fer, le
paysan ignore les lois d'expansion de la vapeur,
l'ingénieur ignore le principe premier de l'électricité, ce qui n'empêche ni les chemins de fer
ni les lois d'expansion de la vapeur, ni le principe premier de l'électricité d'exister.

L'homme ayant en lui une émanation des trois
mondes a l'intuition même de ce qu'il ne voit ni
ne comprend. Des faits, il aspire à monter aux
lois, des lois il rêve de s'élever aux principes.

De telle sorte que les deux mondes, Astral-Loi
et Spirituel-Principes, existent, en dépit de notre
ignorance et de notre impuissance provisoires,
car il dépend de nous seuls de savoir et de comprendre.

Nous méritons d'autant mieux de nous-mêmes

et de l'humanité que nous nous élevons vers les mondes supérieurs.

Tous les faits dont nous avons la perception ont leurs lois dans le monde astral, leurs principes dans le monde spirituel. Nos hypothèses sont des tentatives d'effraction.

Les faits sont nombreux, les lois sont multiples, le principe est un.

Tous les faits, quels qu'ils soient, obéissent à une loi. Toutes les lois, quelles qu'elles soient, sont la résultante d'un principe.

Faits et lois se résolvent en l'unité du principe universel. Même est le principe de la chaleur, de la lumière, de l'électricité, du magnétisme, du son, du parfum, des faits en un mot.

Le monde matériel est le réservoir des faits, le monde astral est le réservoir des lois.

A mesure que les connaissances s'accumulent, s'élèvent, elles se synthétisent et, quand cette synthèse est concrétée en l'unité, on est tout, on sait tout, on est le un, le un universel, primordial et final.

L'ignorant connait mille faits qu'il ne sait pas relier entre eux et dont la multiplicité le trouble, le savant conçoit des systèmes simplificateurs, science des nombres, des forces, des réactions ; l'initié, parvenu au plan spirituel, synthétise les faits et les lois en l'unité de la puissance première.

L'ignorant ne peut agir qu'avec le fait dont il a la perception immédiate, le savant agit sur des groupes de faits, le magicien sur une synthèse de lois, le mage agit de par le principe de ces lois et de ces faits.

S'élever au monde astral, c'est diminuer le nombre de lois en concevant une synthèse plus large qui embrasse plus de faits : Notre siècle a le pressentiment de la loi unique qui préside aux phénomènes de chaleur, de lumière et d'électricité, une à une disparaissent les divisions factices qui séparaient l'organique de l'inorganique, pourquoi se refuser à l'effort fecond dont le résultat sera l'abaissement des barrières qui séparent le naturel du surnaturel ? Ce qu'on appelle miracle n'est qu'une ouverture sur l'astral, en vérité une conquête.

Tas d'enfants qui ont peur des mots !

La magie n'est que l'effort vers la science, sans arrêt forcé à la borne du préjugé.

Que le mot soit pris dans son acception vraie et tout s'éclaire, les horizons s'élargissent ; la magie, comme le dit si bien M. Guymiot, un de nos occultistes les plus érudits, consiste à savoir ce que le commun des hommes ne sait pas. Au fond, on est toujours le magicien de quelqu'un. Le dernier représentant de l'espèce humaine est un magicien pour les animaux.

Magicien, Norman Locker prouvant par ses études spectroscopiques que dans les étoiles les plus chaudes on ne trouve pas d'hydrogène pur, tandis que dans celles moins chaudes, les métaux, puis les métalloïdes apparaissent et que sur la terre enfin, hydrogène, métaux et métalloïdes ne se trouvent jamais à l'état parfaitement pur, mais en combinaisons plus ou moins complexes, ce qui justifie l'hypothèse des alchimistes, l'absolu, la réduction possible de la matière en son principe un et primordial.

Magiciens, Huggins,' Lecoq de Boisbaudran, prouvant, par les spectres phosphorescents, que notre atome n'est qu'un système chimique complexe dont les éléments peuvent être dissociés.

Car il y aurait une étude des plus intéressantes à faire sur ce fait que, plus on dissocie les substances et plus le nombre des lois diminue, mieux apparaît le principe.

Les lois ne sont que des règles de combinaisons. L'absence de combinaisons, en raison de l'impossibilité de la réaction, est l'expression réelle de l'absolu.

Magicien encore, ce William Crookes qui, tout récemment, par une admirable prescience de l'astral, imaginait le protyle, l'essence des éléments, le facteur premier de leur genèse dont ils ne sont que des différenciations.

Magicien, M. Varenne, quand il affirmait, — avec une audace à la fois intuitive et raisonnée, — que la pression de l'hydrogène à deux cent mille atmosphères produirait un lingot d'or pur.

Et comme l'exprimait si bien Jacques Papus en une préface d'un de nos modestes volumes (1) :

____

(1) A. Bruier, *Conte astral*. Chacornac, éditeur.

« Supposez que vous soyez transporté tout à coup en plein dix-huitième siècle, dans une réunion d'hommes intelligents, réunion formée d'un bourgeois, d'un savant et d'un abbé. Vous êtes là, racontant à ces gens ébahis, qu'il vous est on ne ne peut plus facile de causer avec un ami habitant Bruxelles, que vous vous transportez chez cet ami du matin au soir... que penseront vos auditeurs ?... le bourgeois sceptique vous considérera comme un mauvais plaisant ou comme un fou, le savant dira tout simplement : « Ce que vous racontez là est humainement impossible. L'abbé verra dans toute l'histoire une invention du diable... »

Si vous tentez de prouver vos dires, vous serez un sorcier, un escroc ou un prestidigitateur...

Ainsi en sera-t-il, mais non pour un temps bien long, de ceux qui défendront les vérités ici exprimées.

Parce que ce mot de magie paraît formidable ? Même ceux qui ne comprennent pas sentent instinctivement qu'il s'agit d'un changement de plan, d'une élévation de l'intelligence à une hauteur où le vertige est possible.

Pourtant ceux-là devraient se rendre compte qu'ils ne dominent les animaux que parce que, entre les bêtes et eux, le changement de plan est déjà presque immesurable.

Mais, que ceci soit bien entendu.

L'homme peut s'élever au plan astral, lui dérober quelques-uns de ses secrets, mais s'il n'a pas conscience des forces qui sont à sa portée, ce ne sera qu'un instinctif et non un savant. Un chien qu'on roue de coups et auprès duquel se trouve un revolver qu'il a flairé tout à l'heure, ne songera pas à utiliser l'arme pour se défendre.

Il est des hommes qui ainsi flairent l'astral.

Celui qui, opérant sur la matière brute, provoque des bruits, des mouvements, en dehors des conditions ordinaires, touche à une force astrale. A quoi lui sert cette faculté ? A étonner des niais. Quand il aura fait tourner toutes les tables du monde, quand il aura entendu des coups dans les murs, à quoi bon ? Ainsi des médiums qui, loin d'être maîtres d'une parcelle de force astrale, ne sont que des intermédiaires, des canaux par lesquels la portion la plus basse, la plus grossière de cette force parvient jusqu'à nous. Il est des exceptions, mais rares. En réalité, il n'en est pas un que ce privilège ait élevé au-dessus de l'humanité. Il est facile de se convaincre, par la lecture des livres signés par des médiums, que sur le plan normal, ce sont des êtres très au-dessous de la moyenne intellectuelle.

Mais que l'homme, au lieu d'être un instrument inconscient de force qu'il n'est pas apte à analyser et à comprendre, soit doué d'abord de cette perception instinctive des forces inconnues, qu'il soit assez maître de lui-même pour les étudier, pour en régler l'emploi, alors on pressent de quelle puissance il disposera. Aussi que de luttes il devra soutenir !

« Le monde astral, dit M. Guymiot, n'est pas moins varié que le monde physique : tout comme celui-ci, il est peuplé d'êtres qui ont en lui leurs conditions d'existence comme nous avons les nôtres dans le monde matériel. Imaginez un être souterrain qui vienne prendre chez l'homme ses moyens d'existence. Que fait l'homme ? Il cherche à tuer cet être qui lui cause un dommage grave. La taupe cherche les racines des plantes et les mange sans distinction entre celles qui poussent librement et celles que l'homme a semées. Le jardinier, dont elle dévaste les légumes, la guette et la tue. L'inventeur, en allant s'emparer des forces du monde astral, peut porter préjudice aux êtres qui emploient ces forces à leur usage. Quand ils le surprennent en train d'opérer, ils font ce que le jardinier fait à la taupe, un coup de bêche et c'est fini. Comme la taupe est mise à l'air qu'elle ne cherchait pas, l'inventeur est attiré dans le monde astral et y reste. La taupe ne cherche pas à voir l'air et pourtant c'est lui qui fait pousser les plantes dont elle se nourrit : l'inventeur ignore le monde astral et y cherche les forces physiques qui sont les produits de ce monde.... »

Aucune démonstration de notre ignorance quant aux conditions de l'au-delà ne paraît plus péremptoire que ces quelques lignes. C'est toujours la méthode de l'analogie, poussée en ses conséquences essentiellement logiques. La taupe peut pressentir un autre monde que celui où elle vit, mais elle résiste à cette intuition, quoique bien souvent elle pâtisse de cette méconnaissance de phénomènes qui vaguement parviennent jusqu'à son entendement. Ainsi de l'homme. Il a la notion d'un monde aûtre que le sien, mais il résiste à son instinct. Et, s'il pénètre dans le monde d'après lui, c'est en quelque sorte par hasard, par surprise, et au lieu de s'avancer comme en pays conquis, il succombe en enfant perdu.

Les savants, et surtout les intuitifs sont les éclaireurs, mais quand ils viennent au rapport, on les raille et on ne les croit pas. Bien heureux quand on ne leur inflige pas la peine de mort.

La taupe qui aurait la connaissance vague de la lumière et des conditions terrestres serait une magicienne pour celles qui l'entourent : elle serait évidemment en possession d'une puissance supérieure à celle de ses congénères.

Ainsi, de l'homme qui a pénétré dans ce que nous continuons à appeler le monde astral, mais qui est en vérité le monde des Forces, le monde Spirituel, ou troisième et dernier degré, étant le monde des Causes.

Pour atteindre à la Magie réelle, hypernaturelle si l'on veut, en partant du point de vue purement terrestre, autrement dit, à la connaissance de l'Astral, il est indispensable de savoir discerner ce qui, en soi, appartient aux trois mondes. Tous savent ou croient savoir ce qu'est en eux le principe physique, le matériel. Mais bien peu ont la notion de ce qui appartient à l'astral, tant au point de vue du double éthéré que chacun porte en soi que de la puissance psychique.

Encore moins sait-on ce qui appartient au monde essentiel, spirituel : il est presque impossible à l'homme de découvrir sous les innombrables couches physiques et astrales sous lesquelles elle est cachée, l'unité essentielle qui constitue sa véritable individualité.

CHAPITRE III

LE PRINCIPE PREMIER

C'est cette double connaissance que l'homme curieux de science, dans la noble et parfaite acception du mot, non pour se singulariser auprès de ses contemporains ni pour obtenir des pouvoirs dont il ferait un usage égoïste et étroit, doit s'efforcer d'atteindre, méthodiquement, sans hâte. Ce qu'on appelle communément l'âme, appartient au plan astral, en ce que l'âme n'est qu'un réservoir d'idées, de souvenirs et de sensations, de faits moraux dont le principe se trouve dans l'Esprit seul en l'Unité à la fois synthétique et synthétisée.

Peu d'hommes connaissent leur âme : moins encore en sont maîtres. On ne sait pas abstraire ses idées pures des faits d'ordre inférieur et matériel. On ne conçoit l'idée que liée à une manifestation d'ordre physique, à un besoin du corps,

— à une satisfaction des sens. Pour être maître de l'idée, il faut la concevoir seule, en soi, indépendante de toute contingence, Celui que l'intuition conduit à cette notion a une échappée sur le monde astral, il est sur la route du monde spirituel.

Comme le monde physique, le monde astral a trois plans :

Astral physique.

Astral-astral,

Astral spirituel.

Dans le premier est l'essence des Forces dont nous ne voyons que les phénomènes. Le magicien d'en bas peut l'attirer à lui, en quantité plus ou moins grande et la ramener au monde physique où elle produit des effets étonnants, souvent inutiles, parfois dangereux, Dans le monde astral s'enregistrent toutes les manifestations physiques dont nous ne percevons qu'un effet immédiat. Ainsi le son métallique produit par un cloche, si bien fondue qu'elle soit, dure à peine quelques minutes pour nos oreilles. Mais il se propage dans le monde astral, où se trouve l'essence du son, et par une organisation supérieure peut être perçu une heure ou deux après le tintement,

Sur le second plan du Monde Astral, les Forces dégagées des obstructions du monde physique, réagissent sur elles-mêmes pour se sublimer en lois pures, indépendantes de toute application pour le monde physique, ou plutôt si supérieures à ses résistances que leur action impli querait la désintégration de la matière, sa réduction à l'éther et au protyle.

Sur le troisième plan astral enfin, les Forces à l'état abstrait de lois se diluent encore, se subliment pour retourner à l'état de principes, à l'Esprit, source unique en qui tout est renfermé et d'où tout découle.

Mais dans le monde spirituel lui-même, trois plans, le premier touchant aux forces — lois — le second réalisant l'effort d'absorption des Lois sur le troisième plan qui est l'action première, degré définitif vers l'Unité.

Celui qui aspire au titre de Magicien, même dans le sens le plus élevé du mot, n'ira jamais au-delà du premier plan astral, à peine entreverra-t-il le second et, alors, à moins d'un altruisme sublime, il sera essentiellement dangereux pour le monde physique.

Qui sait si les grands cataclysmes terrestres ou cosmiques ne sont pas l'œuvre de quelqu'un de ces imprudents. C'est peut-être un savant ayant touché à la sublimation des Forces qui a causé l'engloutissement de l'Atlantide.

C'est un sujet que nous ne pouvons traiter ici, mais que nous aborderons dans un autre volume.

Essayons maintenant de classer, de grouper, de synoptiser cette organisation universelle, ce macrocosme qui nous amènera à l'étude du Microcosme qui est l'homme.

Avant d'aller plus loin, cette question se pose subitement :

Quel est le principe premier?

Nous voyons les effets, quelle en est la cause ?

Les religions officielles nous répondent par un mot : Dieu.

Ce mot est indéchiffrable, indiscutable, c'est le — tarte à la crème — de toutes les théocraties.

Nous voulons comprendre, même l'absolu.

Et si nous n'y parvenons pas, alors ayons le courage d'avouer nettement une ignorance qui, en tout cas, ne peut être imputée à crime à l'humanité, munie pour la lutte intellectuelle des seules armes que lui a dispensées la nature naturante sur laquelle elle n'a pas d'action. Cherchons cependant ce que peut être ce principe, étant données la persistance de notre logique, la pénétration de notre entendement, et s'il le faut, nous enregistrerons énergiquement l'aveu, non humiliant, quoi qu'on en dise, qui est nécessairement au début et à la fin de toute science.

Suivons pas à pas la science occulte, qui, jusqu'ici, est de toutes les conceptions méthaphysiques la seule claire, la seule positive et qui, pour nous, par conséquent, présente le plus les caractères de la vérité :

Au-dessus de tout, dans les profondeurs de l'infini : la Puissance première.

Comment la caractériser ? Il faut qu'en elle réside le principe, la loi et le fait, à l'état essentiel. C'est le Dieu en trois personnes, la Trinité, contenant le principe actif, le Père, l'objet de la répercussion, le Fils, et le résultat de la réaction, le Saint-Esprit.

Mais, quel est le principe du principe actif ?

Les Hindous l'appellent Parabrahm.

Au-delà, au-dessus de toute manifestation, ils conçoivent même l'Essence de Tout.

Soit.

C'est l'Absolu, l'Être et le Non-Être, la Vie et la Mort à l'état concret ; cette force contient tout, est tout et rien à la fois, le Temps, l'Espace, le Fini et l'Infini.

On ne peut même pas dire que l'absolu est : car le fait d'Être est une relativité.

Une seule formule rend compte de l'absolu :

$$0 - \text{Zéro.}$$

Et encore Zéro manifesté est-il quelque chose de fini, de relatif, ce n'est plus l'infini ni l'absolu.

Dès que Zéro se manifeste, il est 1, c'est-à-dire plus ou moins. L'absolu c'est 0 non manifesté, dans sa nullité non formulée.

Parabrahm, c'est ainsi le non manifesté, le non différencié.

Réservons cette première inconnue. Nous y reviendrons tout à l'heure.

Parabrahm, zéro, se manifestant devient par cette manifestation même 1.

1 réagissant sur lui-même 1 — 1 produit 2.

Le 1 et le 2 s'unissant produisent 3.

L'actif agissant sur le passif crée le fait. Le principe agissant sur la loi produit le phénomène. L'homme agissant sur la femme donne l'enfant.

Appliquons cette règle à la Formation des trois mondes que nous avons déjà définis :

— Monde spirituel ou des Principes.

— Monde astral où des Lois.

— Monde physique ou des Faits.

Monde spirituel

1. Le principe de l'esprit.
2. Le principe de la force.
3. Le principe du fait.

Monde astral — des Forces

1 — 4. Loi de l'Esprit.
2 — 5. Loi de la Force.
3 — 6. Loi des Faits.

Monde physique ou des manifestations

1 — 4 — 7. Manifestation de l'esprit.
2 — 5 — 8. Manifestation de la Force.
3 — 6 — 9. Manifestation des Faits.

Les chiffres disposés expliquent pour qui voudra réfléchir la pénétration mutuelle des trois mondes.

Les principes 1 — 2 — 3 — se trouvent en les autres mondes. De même les principes 1 — 2 — 3 — et les Forces 4 — 5 — 6 — se' trouvent dans le troisième monde.

Cette échelle prouve en outre que plus on monte dans l'echelle des mondes, moins grande est la distance qui sépare les stades.

Dans le Monde spirituel les trois sphères 1 — 2 — 3 — ne sont séparées que par l'unité.

Dans le monde des Forces, les chiffres sériaires additionnés donnent 5 — 7 — 9 — dont la distance est 2.

Dans le monde spirituel, les chiffres additionnés donnent 12 — 15 — 18 dont la distance est 3.

N'insistons pas sur cette loi encore incomprise de l'Évolution.

Ici nous avons laissé complètement de côté l'idée de l'être suprême, du Parabrahm, dont il est dit par les occultistes :

— Parabrahm ne peut être ni compris ni représenté : il est la page blanche de toute figure, l'ineffable dont la seule louange est le silence.

Cette fin de non recevoir métaphysique — qui semble mettre la cause première hors de toute étude et de toute responsabilité, en supprimant toute possibilité d'adoration, laisse pourtant sans solution le problème des problèmes :

Pourquoi le zéro est-il devenu unité, pourquoi l'immobile s'est-il mis en mouvement, pourquoi le Un s'est-il différencié ?

Aucune réponse, aucune explication possible.

Parce que, nous dit-on, en l'absolu qui est tout, le mouvement est et aussi la force. Il est avant tout l'équilibre dont le niveau se déplace, ne se rompt que sous l'action d'une force. Donc étant la force, comme il est l'équilibre, il s'est déséquilibré lui-même, pourquoi ?

Parabrahm, entité métaphysique, est aussi incompréhensible et injustifiable que le Dieu anthropomorphe des Catholiques.

Nous comprenons, en l'étendant aussi loin que possible par l'intuition et par l'analogie, la Loi, la filiation Physique, scientifique des Mondes, la loi morale, la raison d'être nous échappent.

Nous avons l'intelligence du Principe, de la Loi et du Fait, mais, en reconnaissant que les manifestations de ce Ternaire doivent avoir trois sphères d'action différentes, jamais notre raison, notre conscience n'admettra, étant donnée la faculté raisonnante et juste qui est en nous, cette dégénérescence, cette chute de Monde spirituel, en Monde astral et en Monde-spirituel. On nous affirme et il est possible qu'au bas de cette précipitation, dans un abîme où tout est douleur et misère, la réascension recommence, du Monde matériel au Monde Astral et au Monde spirituel pour l'absorption définitive dans le 0 Parabrahm.

Définitive ? Chi lo sa ?

Pourquoi ce premier cycle né de la différenciation inexplicable de Parabrahm ne se recommencerait-il pas ? Pourquoi ce premier voyage pour revenir au but qu'on aurait pu ne pas quitter ?

Pourquoi ce cercle, symbole lui aussi du zéro, de l'inutile ?

Il est singulier que l'homme ne puisse pas

s'en tenir aux suggestions de sa raison sans y mêler fatalement une énorme dose de poésie. De fantaisie plutôt.

Voici que nos observations actuelles semblent nous prouver qu'il est chez l'homme des forces dont jusqu'ici nous n'avons pas tenu compte et qui, en multipliant nos moyens de vivre, indiquent en même temps que tout n'est pas fini avec ce que nous appelons la mort.

Mais, pour l'honneur de l'humanité, ne greffons pas sur des constatations, toutes matérielles en somme, une religion aussi incompréhensible et aussi révoltante pour la conscience que toutes les autres.

Expliquons-nous :

Le Bouddhisme, l'occultisme ont pour pierre angulaire de leur système le Karma.

Le Karma est la somme des mérites ou des démérites acquis pendant l'existence.

N'allons pas plus loin, puisque nous sommes ici sur le terrain des seuls principes.

Entre le Karma et la responsabilité des catholiques, aucune différence en réalité.

Les catholiques, selon vos bonnes ou vos mauvaises actions, vous envoient au paradis ou en enfer pour l'éternité.

Avec le Karma, il existe une certaine différence. Le mauvais Karma retarde l'évolution, mais ne l'empêche pas. Il oblige à un recommencement, à une reprise de l'étape mal parcourue. Ici la désespérance éternelle n'existe pas. Mais aux bouddhistes comme aux catholiques nous demandons : Pourquoi un tel a-t-il ou se fait-il un mauvais Karma qui l'alourdisse et l'enchaîne dans les sphères inférieures ? Parce que, répond l'occultisme, il s'est créé ce Karma dans des existences antérieures. C'est répondre par la question même. Il y a à tout un commencement. Dans l'existence si antérieure soit-elle où ce mauvais Karma a été acquis, comment l'être avait-il en lui — pour parler le langage de Fabre d'Olivet — la potentialité de ce mal ?

D'où vient cette chance pour les uns d'avoir en eux les moyens de parvenir rapidement à l'état béat du Nirvanâ, pour les autres de jouer éternellement à travers les mondes le rôle de Juif-Errant ?

Avec la meilleure volonté du monde, on ne peut que retrouver là le dogme monstrueux de la chute et du rachat. Pourquoi cette descente du spirituel au matériel qui est une chute ? C'est, paraît-il, le principe de mon être qui, en le monde spirituel, s'est alourdi par un mauvais Karma dont il faut qu'il se débarrasse en passant par la filière humaine. En vérité, pourquoi ne pas accepter tout aussi bien le crime d'Adam et d'Ève ? Au moins nous avons la ressource de nous dire que nous en aurions fait autant, ce qui nous permet de ne pas trop leur en vouloir.

Mais que l'étincelle principielle sortie du 0 Parabrahm ait été lancée à travers les mondes pour jouer le jeu du Karma, c'est odieux. Et nous

en arriverons à cette conclusion que la création,
la manifestation, la différenciation, c'est l'éjec-
tion du mauvais Karma de Parabrahm lui-même.

Nous avons écrit tout à l'heure le nom de
Fabre d'Olivet : cet homme oublié, méconnu fut
certainement un des plus grands savants et des
plus grands philosophes dont la France puisse
s'enorgueillir et depuis cinquante ans, la science
allemande, en Schopenhauer (1) et en Hart.
mann (2) lui doit toute l'avance qu'elle a prise sur
nous dans le domaine philosophique, il a accompli cette œuvre unique et gigantesque de recons-
tituer sur des bases toutes nouvelles et en
vérité inébranlables l'histoire de l'humanité. Sa
reconstitution du cycle de Ram, sa division
des races, sont des œuvres de voyant. Enfin
l'homme qui a restitué la langue hébraïque et a
pu donner la seule traduction de la Genèse où
apparaît l'idée grandiose de Moise avait du
génie.

Mais qu'il nous soit permis de discuter sa
théorie mystique de la destinée de l'homme en
ce qu'elle se rattache à la constitution des
mondes.

Selon lui, l'homme est une des trois grandes
puissances de l'univers. Les deux autres sont la
Providence et le Destin. L'homme est une puissance en germe, qui, pour manifester ses propriétés, pour atteindre à la hauteur où ses desti-

(1) *Le monde comme volonté et comme représentation.*
(2) *Théorie de l'Inconscient.*

nées l'appellent, a besoin d'une action intérieure et extérieure.

Au-dessus de lui est la Providence, nature libre et naturante, au-dessous de lui le Destin, nature nécessitée et naturée. Il est, entre les deux, comme règne hominal, la Volonté médiatrice.

Le Destin est la partie inférieure et instinctive de la Nature, la Fatalité, qui régit les mondes, minéral, végétal et animal. L'homme appartient d'abord au Destin. Mais il lui résiste et cette résistance même développe en lui la force qui est la liberté, la Volonté.

La Providence est la partie supérieure et intelligente de la nature universelle : son but, c'est la perfection. L'homme est un germe vivant qu'elle sème dans la fatalité du Destin afin de la changer et de s'en rendre maîtresse au moyen de la Volonté de cet être médian.

La Providence a un but déterminé, le bonheur universel, auquel s'oppose le Destin : L'homme, selon qu'il est bon ou mauvais, hâte ou retarde le triomphe, d'ailleurs incoercible de la Providence, qui n'a besoin que d'un seul outil, le temps.

Il y a là une conception grandiose, d'une simplicité héroïque et essentiellement vraie comme constatation.

L'homme est lié à une fatalité qui pèse sur lui, nous ne le pouvons nier. Il sent en lui comme individu et comme groupe des tendances à se dégager de l'animalité et à se perfectionner. Il sent vaguement qu'il court à un but mal défini, mais qui lui paraît être le bien et la justice.

Son arme, c'est sa volonté guidée par sa conscience : ses mauvais instincts, dus à la fatalité, l'empêchent seuls d'aller plus vite et il détruit parfois en un jour l'œuvre de longues années.

Soit ! Mais entre constatation et admiration, nous faisons une grande différence. Ce système de médiation entre une force detestable et une force excellente est fort ingénieux et nous pouvons nous extasier devant la virtuosité de l'invention.

Mais qu'on place sous nos yeux un bijou très curieux dans lequel les pierres ont été unies au métal avec un art parfait, puis qu'on nous apprenne tout à coup que ce bijou est un instrument de torture, nous le rejetterons avec horreur.

La Trinité, Providence, Volonté, Destin, a causé depuis des siècles d'horribles douleurs et a été l'instrument de toutes misères et de toutes injustices.

Subissons-la, puisque avant tout nous sommes soumis à la Fatalité, faisons tout pour hâter le triomphe de cette Providence, impuissante à accomplir son œuvre sans nous. Admettons que dans la nuit des temps un cataclysme incompréhensible a donné la suprême puissance au Mal et que depuis lors la Nature cherche à secouer le poids qui l'écrase et que nous sommes les créations de ses halètements...

Mais du moins ne placez pas au summun de cet
Univers qui est le Mal, en gésine du Mieux, un
Être qu'il nous faille adorer et admirer.

Destin, péché originel, Karma des existences
antérieures, toutes ces conceptions ont pour principe une déchéance de la Nature ..à moins qu'elle
ne se soit manifestée au début dans l'horreur et
que les temps actuels soient aux malheurs passés
ce que le suprème bonheur serait aux misères
actuelles.

Quoi qu'il en soit, il est au principe des Choses
un Incompréhensible qu'il ne faut pas tenter
encore d'expliquer, parce que nulle hypothèse
ne satisfait notre conscience.

Il semble que nous nous exaspérions de trouver
le ciel vide. Nous y voulons un dieu, et pour le
créer de toutes pièces, nous ne reculons pas à le
charger du crime le plus horrible, la volonté
consciente et libre d'un bourreau.

L'imagination nous perd. Restons dans le domaine des faits et de la logique.

Tout est possible, même Dieu, a dit Renan.
En l'état de nos connaissances, devons-nous
ajouter, Dieu est improbable, sinon impossible.

Disons encore avec le grand philosophe :

— L'huitre à perles me paraît la meilleure image
de l'univers et du degré de conscience qu'il faut
supposer dans l'ensemble. Au fond de l'abîme, des
germes obscurs créent une conscience singulièrement mal servie par des organes, prodigieusement
habile cependant pour atteindre ses fins. Ce qu'on

appelle une maladie de ce petit Cosmos vivant amène une sécrétion d'une beauté idéale que les hommes s'arrachent à prix d'or. La vie générale de l'univers est comme celle de l'huitre vague, obscure, singulièrement génée, lente par conséquent. La souffrance crée l'esprit, le mouvement intellectuel et moral.—Maladie du monde, en vérité, perle du monde, l'esprit est le but, la cause finale, le résultat dernier et certes le plus brillant du monde que nous habitons. Il est bien probable que s'il y a des résultantes ultérieures, elles sont d'un ordre infiniment plus élevé.

Tel est selon nous le vrai langage de la sagesse. Obéissant à notre instinct, — Providence si l'on veut, — continuons à lutter contre le destin. Forçons une à une les portes qui ont été fermées sur nous ; huitres que nous sommes, secrétons la perle science, en obéissant à notre volonté d'en révéler toute la beauté.

Nous accomplissons en cette période un progrès décisif. Nous sommes en reconnaissance sur les frontières d'un monde qui nous était interdit. Sachons le conquérir au prix de toutes les fatigues et de tous les sacrifices.

Mais, si nous faisons de la Magie, qu'elle soit non sentimentale, mais pratique.

CHAPITRE IV

LA CONSTITUTION DE L'HOMME

Nous avons dû formuler des réserves dont tous les libres-penseurs apprécieront la nécessité et la netteté. L'homme ne s'arrache pas à un dogme pour s'enchaîner à un mystère. Il y a une loi des mondes, il existe un principe premier. Pour connaître les lois et les principes, nous n'avons qu'un seul instrument de précision, le fait. C'est à lui que nous devons tout rapporter, sans nous laisser entraîner à des illusions qui n'ont même pas le mérite d'être séduisantes et qui, fussent-elles prouvées exactes, ne nous démontreraient que l'épouvantable injustice de la Loi suprême.

Il existe, il est vrai, une certaine collection d'individualités, fort remarquables, nous le reconnaissons, et qui, à chaque révolte qui s'échappe de notre raison ou de notre conscience, répondent par cette simple affirmation :

— Vous êtes ridicules et niais, parce que vous ne savez pas. Nous seuls nous savons.

— En ce cas, instruisez-nous ?

— Vous n'êtes pas à notre hauteur.

Non plus le bébé n'est à la hauteur du professeur qui lui apprend à lire.

Non plus le dévôt n'est pas à la hauteur du pape qui affirme son infaillibilité.

Il faut compter avec ceux qu'on entend persuader. Injurier l'élève fut de tout temps un système mauvais et inutile. Le châtier est quelquefois plus utile, à la condition qu'on ait une vérité évidente à lui montrer après la punition subie.

Laissons cela. Passez, mystères, nous vous avons déjà donné.

Nous entendons comprendre, tout en faisant la part de notre ignorance, mais en maintenant les droits de notre raison.

Qu'il soit donc bien entendu que dans tout ce qui va suivre, expression consentie par nous d'une théorie acceptable, mais non dogmatique, nous prétendons nous tenir au-dessus de toute autorité et de tout despotisme.

Ceci dit, l'exposé peut être continué :

Il y a trois mondes en l'homme :

Le Monde Faits, La Matière

Le Monde Lois, La Force

Le Monde Principe, L'Esprit.

Ces trois Mondes se subdivisent en neuf principes, et non en sept, comme le suppose une cer-

_taine école, faisant trop bon marché de la seule lumière qui nous guide, l'analogie.

Par le nombre neuf, dont les Pythagoriciens comprendront toute la valeur, nous rentrons dans la correspondance cosmique, dans l'analogie parfaite des Mondes, se liant, se pénétrant l'un l'autre.

Indiquons-les d'abord en leur donnant leurs noms sanscrits, — sous toutes réserves, — ces vocables ayant le grand mérite d'aider à la démonstration.

Un mot encore.

Nous avons dit qu'il était fort regrettable qu'une science en somme inutile si elle est fausse, intéressante pour tous si elle est vraie, s'affublât de l'épithète presque ridicule d'occulte. Il se passe bien autre chose. Nous autres occidentaux sommes si peu dignes d'entrer dans le sanctuaire, que les mots de passe doivent nous être incompréhensibles. D'où, en les quelques livres qui traitent de ces sciences, apparentes ou réelles, une affectation enfantine de logomanie orientale.

Sanscrit ou Hébreu, toute la vérité est cachée derrière ces hiératismes.

Rupa ou Nephesch, tout est là. Si vous dites le corps, l'initié, qui, le plus souvent est initié aux mystères de l'école primaire, fronce le sourcil et vous déclare que vous ne pouvez le comprendre.

Ceci est de la fausse magie, c'est l'exploitation de l'illusion, de Maia, dans le sens mauvais du mot.

Donc, parlant à des Français, nous emploierions les mots français, si les mots sanscrits que d'ailleurs nous expliquerons autant qu'il nous sera possible ne prêtaient pas à la rapidité de la démonstration, comme les chiffres plus rapides que l'inscription des nombres en lettres prêtent à la rapidité du calcul.

Un théosophe ne doit pas chercher à donner à autrui l'illusion d'une érudition qu'il n'a pas.

Les principes du corps humain sont :

1. Le corps, RUPA.
2. La Force vitale, JIVA.
3. Le Corps astral, LINGA SHARIRA.
4. L'âme animale, KAMA RUPA.
5-6. L'âme humaine, MANAS.
7-8. La Force spirituelle, BUDDHI
9. L'essence spirituelle, ATMA.

Nous ne nous préoccuperons pas, en la classification de ces principes, des divergences d'opinion, suivies de discussions plus ou moins aigres, qui se sont émues entre les plus savants occultistes. Il ne nous convient pas de nous y arrêter et, en suivant la ligne tracée par la logique simple, nous profiterons des enseignements des uns et des autres.

Avant tout, il convient de se bien pénétrer de cette pensée que les trois Mondes, dans le règne Universel, comme dans le Monde Hominal, comme dans le Monde purement matériel, s'emboîtent les uns dans les autres. Le principe supérieur d'un Monde fait toujours partie du Monde qui lui est supérieur. C'est la pénétration des triangles par leurs angles aigus.

Supposons que, pour un moment, nous fassions abstraction du règne hominal et que nous ne nous préoccupions que du règne purement matériel. Nous le figurerons ainsi :

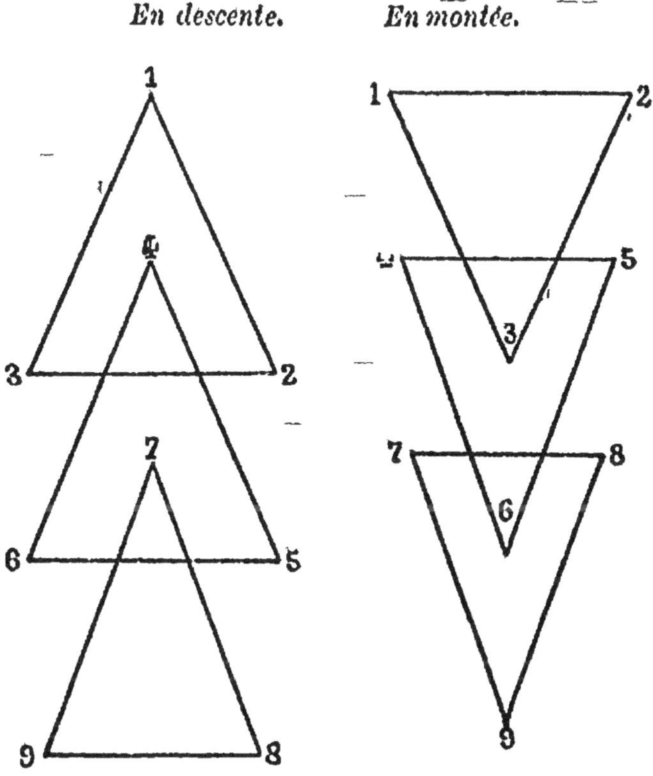

Descente. — 1 2 3 représentent le règne hominal.
  4 5 6 — — végétal.
  7 8 9 — — minéral.
Montée. — 9 8 7 — — minéral.
  6 5 4 — — végétal.
  3 2 1 — — animal.

Analysons :
Sens descendant.

1, représente le principe animal, la tendance à l'animalité.

2, représente la loi animale, l'organisation de l'animalité.

3, représente le fait animal, l'animalité brutale.

C'est une chute. Le principe brutal se condense et s'affirme. Les facultés s'atrophient. Ce que le principe conservait en soi d'hominalité se perd de plus en plus. En 3, ce n'est plus que la brute pure.

Que se perdra-t-il quand la descente ira jusqu'en 4 ? Ce sera la faculté de locomotion, l'instinct.

Plongeons dans le végétal.

Non que certains végétaux n'aient encore certains vestiges de sensibilité, de locomotibilité et d'instinct. C'est pourquoi la pointe 3 plonge encore dans le monde végétal.

Mais la chute, l'alourdissement va se continuer.

Du 4, principe végétatif sur lequel influait encore le monde animal, le monde végétal glisse à 5, à la loi uniquement végétative et est précipité à 6 qui n'est plus que le fait lourd et inconscient de la végétation.

La descente s'achève.

Le végétal tombe au minéral.

Mais en certaines manifestations, sensation du chaud et du froid, sensibilité aux forces magnétiques, le minéral est encore végétatif, animal même par la cristallisation. Le principe minéral,

7; existe. Mais il subit encore l'influence des mondes supérieurs. En 8, la loi de la matière incoercible et insensibilisée le saisit et le jette en 9. L'évolution descendante s'accomplit. C'est la minéralité, fait brutal et définitif.

Ici, temps d'arrêt pour notre intellect. Nous ne formons plus d'hypothèses, puisque même ce fait de la descente en est une. Nous ne cherchons pas à plonger plus loin dans l'abîme, car ce que la raison et l'expérience nous révèlent, ce' n'est pas la descente, c'est l'ascension. L'analogie seule nous a fourni cette conception de la chute de l'homme au minéral.

Mais c'est justement parce que nous avons la perception non équivoque de la progression ascendante.

Seulement, obéissant à cette loi de l'analogie qui nous domine, nous partirons de cette sériation par 9, et nous inscrirons :

9, la matière brute, chaotique.

8, la loi organisatrice, évolutive de la matière.

7, le principe essentiel de la matière.

Se perfectionnant en :

6, la nature végétale, en son expression la plus inférieure.

5, la loi végétative, évolutive.

4, le principe végétal, qui touche et se rattache à la vie essentielle.

Et enfin, nous obtenons :

3, la matière animale en son expression inférieure.

2, la loi animale, évolutive.

1, le principe animal, essence de l'humanité.

Qui se résoudra à son tour en la matière hominale à son expression la plus inférieure.

Il suffit de rapprocher cette sériation de la création naturelle d'Haeckel pour en sentir toute la rigide netteté.

Nous verrons tout à l'heure l'application de ce schema à l'évolution humaine.

Reprenons maintenant les neuf principes hominaux et soumettons-les à la même analyse, plus rigoureuse encore, car ici nous marchons sur un terrain plus ferme, puisque c'est de lui que nous sommes partis, autant pour deviner les secrets d'en haut que ceux d'en bas.

1, Rupa ; 2, Jiva ; 3, Linga sharira ; 4, Kama Rupa ; 5, Manas ; 6, Buddhi ; 7, Atma.

Le dédoublement de Manas et de Buddhi complète le novenaire.

Donc nous partons de Rupa, la partie complètement physique, animale, à chair, les muscles, les os, à l'état de pure animalité.

Nous avons vu dans le monde purement matériel — et cette pureté n'est qu'un vocable sans signification vraie, en raison de la pénétration des trois mondes — nous avons vu, disons-nous, la nature s'élever par le jeu de la loi une et triple des principes, des forces et des faits de la matière brute à l'expression la plus haute de l'animalité, au singe anthropoïde. Quelle distance énorme, immesurable ! C'est rien devenu tout. C'est le néant avivé ! Le singe prend la pierre en sa main et ne reconnaît plus sa mère. Il n'a même pas la notion qu'il y ait entre eux des éléments communs.

Il jette la pierre avec indifférence.

Ce n'est même pas de l'ingratitude, c'est de l'ignorance.

Que l'homme de bonne foi cherche à mesurer la distance qui sépare ces deux manifestations de la substance, la pierre et l'animal. Puis que, s'interrogeant en pleine sincérité, il se demande si ceci n'est pas la résultante de l'évolution de cela. Et enfin, qu'il se regarde lui-même. Existe-t-il entre lui et le plus difforme des Pithèques la différence qui sépare ce simien de la pierre ?

Alors qu'il écoute en lui-même ce qui est la plus haute expression de sa propre individualité, ce quelque chose qui est indépendant et de l'émotion, et de la volonté, et de la conscience, et de la force, et de la compréhension, il sentira que l'esprit est si loin qu'à peine la distance du singe à la pierre peut lui donner l'idée de cet éloignement.

Du moins l'homme sent-il lui-même, en lui-même, le principe de l'esprit, tandis qu'en la pierre léthargisée la conscience de l'ascension n'existe pas.

Le météorite ne se souvient plus du ciel.

Lithos, Léthé, oubli.

Mais de même que la pierre a en elle le principe de la végétalité et de l'animalité, l'homme a en lui le principe atavique de l'astralité et de la spiritualité.

Mais il y a plus encore :

L'étincelle obscure qui anime toutes les molécules a passé aussi bien par la pierre que par le végétal et l'animal et qu'elle passera par l'homme.

C'est la continuité de l'effort qui produit le progrès, avec complication de perpétuelles semailles de victimes, tués ou traînards.

De l'inconnu que nous ne cherchons pas à connaître, parce que derrière lui notre raison veut un plus loin, toujours plus reculé, tombe perpétuellement une pluie d'étincelles vitales qui s'eparpillent à travers le monde. C'est ainsi qu'au printemps le pollen des arbres cotonneux s'abat en averse blanche.

Où va ce pollen ?

Où vont ces étincelles ?

Combien se dissolvent en route, combien s'éteignent ?

Qu'on se figure un globe en ignition, animé d'un mouvement rotatoire si intense qu'il soit impossible d'en suivre l'evolution, que de cette masse incandescente des millions, des milliards de particules enflammées, pénétrées de la chaleur première, soient lancees à travers l'espace. Tous les mondes sont là, ceux que nous connaissons et ceux, mille et mille fois plus nombreux, que nous ne connaissons pas. Où iront les étincelles ? Entre les mondes, les distances sont colossales,

les mondes sont des points et les étincelles sont
des millionnièmes de millionnièmes de points.

Combien, cherchant un point d'appui, n'en
trouveront point et s'éteindront ! Combien, dans
le nombre des mondes, tomberont sur celui-ci
plutôt que sur celui-là ? Combien enfin, la terre
étant une en ce million de mondes, tomberont
sur la terre ?

Combien, enfin, tombant sur la terre, s'adap-
teront au système terrestre ?

Des pollens vaguant à travers l'espace, en
notre enceinte étroite et dont nous touchons les
limites, combien remplissent leur rôle générateur ?

Un nombre infiniment petit s'agrège au stade
minéral, moins encore au monde végétal.]

Les semences sont une prodigalité inconsciente et fatale de la nature. La mort, la désintégration rétablissent l'équilibre.

A chaque degré de l'évolution, le nombre des
éléments vainqueurs des fatalités est de plus en
plus restreint, et continuant ainsi la série analo-
gique, nous arrivons à cette quasi-certitude que,
dans le monde spirituel, les étincelles atmiques
ayant évolué complètement, sont en nombre si
restreint qu'il ne leur reste qu'un effort insignifiant à faire pour se confondre en l'unité.

Le pollen tombe sur la pierre, dans l'eau. Des
milliards de germes restent stériles. De ceux
même qui ont une germination, en raison du
terrain qu'ils ont rencontré, d'énormes quantités
avortent. D'autres commencent leur évolution,

mais languissent et meurent. Combien peu l'achè-
vent en la triomphante efflorescence de leur vitalité !

Mais de toutes ces substances perdues s'est
formé l'humus, condensé, préparé pour la germination de l'animal.

Les étincelles survivantes à l'animalité sont
les substrata de l'humanité.

Celles qui se sont arrêtées en chemin s'adap-
tent à leur milieu et constituent les éléments des
choses. La lueur qui était en elles reste à jamais obscure. Elle ne ne s'éteindra tout à fait
que le jour où la desintégration viendra, rejetant
la matière dans le protyle universel, dans la lumière astrale et dans l'essence cosmique.

Le monde est une vaste nébuleuse dont quelques projections forment des astres — astre matière, astre force, astre esprit — et dont les autres
se perdent dans l'infini tourbillonnement des
atomes.

L'avenir est à la désintégration qui, en dehors
de la dissolution accidentelle, va du mineral au
végétal, du vegétal à l'animal, de l'animal à
l'homme, de l'homme au corps astral, du corps
astral au corps spirituel, jusqu'à dilution complète et finale en l'atome spirituel, sans forme,
sans propriétés, sans couleur, sans bruit, à peine
une expiration de l'infini s'éteignant dans l'infini
silence.

Revenons maintenant à la constitution de
l'homme.

Le corps RUPA tient, nous l'avons dit, au monde animal : il a donc déjà en lui la vitalité animale et se trouve à un degré supérieur à l'animalité : il a le mouvement et déjà l'instinct,

Mais, dès son premier développement, il acquiert JIVA qui est la Force vitale Hominale, Loi de l'évolution humaine, adaptation de Rupa Animal à une destinée ascendante, sorte d'aiguillage de l'organisme vers la Beauté et de l'Instinct vers l'Intelligence.

Fait-Rupa-Loi-Jiva — maintenant élévation au Principe.

Quel est ce principe ?

— Il nous suffit, pour le comprendre, de nous reporter aux trois mondes.

Du monde des Faits, l'homme tend à s'élever au monde des Lois, des Forces, Monde Astral.

Donc, en cette troisième évolution du Monde inférieur de l'humanité, va poindre la loi suprême, en qui est le principe spirituel.

C'est le corps Astral, manifestation Principielle de l'élévation vers les régions superieures, LINGA SHARIRA, matière comme corps, Force comme Astralité, pénétration du Monde inférieur dans le Monde supérieur, principe de l'hominalité tendant, à travers l'Astralité, vers la Spiritualité.

Nous expliquerons, dans un chapitre spécial, ce qu'est le corps astral, quel est son rôle dans la science moderne, quelle connaissance nous en pouvons avoir, et, pour nous servir d'un terme déjà employé, comment l'Homme-Magicien peut se l'asservir.

Mais qu'on n'oublie pas que cette astralisation du Fait se produit dans tous les règnes, à tous les stades. Quand du règne minéral la matière passe au végétal, c'est une astralisation, et elle a son expression réelle, les Éléments, dont nous parlerons plus loin.

Suivons l'évolution humaine.

Ces trois degrés, *Rupa*, *Jiva*, *Linga Sharira*, ont épuisé le monde des Faits.

Nous sommes entrés dans le monde des Lois, des Forces.

Dans les règnes inférieurs, les divisions entre les différents stades sont absolument tranchées, les divergences, en apparence surtout, paraissent brusques, presque brutales.

Dans le règne Hominal, en raison de son approximation vers l'Unité, de sa tendance plus sensible à se fondre avec elle, les limites sont moins distinctes. Ainsi dans le spectre lumineux, les tangentes des couleurs sont imperceptibles.

Linga Sharira, par son principe inférieur, appartient au monde animal des Faits. Par sa partie supérieure il appartient au Monde des Forces, et nous avons après lui :

La Force-Fait, le désir, KAMA RUPA ;

La Force-Loi, la Volonté, MANAS inférieur ;

La Force-Principe, la Conscience, MANAS supérieur ;

Et enfin :

Le Principe-Fait, l'Intellect, BUDDHI inférieur ;

Le Principe-Loi, la Justice, BUDDHI supérieur ;

Le Principe-Principe, l'Esprit, ATMA.

Reprenons la filière :

ATMA, Esprit, est la vaste contenance de l'homme. Tout de l'homme est en lui. Sa Force première est l'équilibre, la Justice, et il a pour instrument l'Intellect qui est la notion de l'Équilibre.

L'Intellect, à son tour, donne naissance à l'appréciation, à l'assentiment, à la conscience. La conscience, attirée vers le Monde Matériel, subit la nécessité de l'Action, d'où la Volonté qui n'est influencée que par le Désir.

Le Désir, l'Attraction vers l'Hominalité, produit LINGA SHARIRA, le corps astral à la fois subtil et matériel qui, saisi par *Jiva*, la Force Vitale Hominale, produit *Rupa* le Corps.

Remontons maintenant.

Rupa tend à *Atma*.

Rupa se dégage de l'animalité pure, grâce à *Jiva* qui est la force hominale propre, parvient au seuil de son principe, au premier stade de son évolution en *Linga Sharira*, pont jeté entre l'hominalité matérielle et l'hominalité astrale.

Le désir qui dans l'évolution descendante, — car chacun de ces mouvements est double, entrelacé, croisement de deux serpents autour de la baguette — a entraîné *Manas* en le monde Matériel. Au contraire, en l'évolution ascendante, il entraîne la partie principielle de *Linga Sharira* jusqu'à *Manas* inférieur, jusqu'à la Volonté qui n'a son expression normale que lorsque la Conscience, — *Manas* Supérieur, — l'a réglée.

L'Homme Moral est constitué. Les Lois de la Conscience lui sont connues dans leur organisation stricte.

Il est apte à s'élever aux Principes.

Alors se développe l'Intellect Parfait, première forme de *Buddhi*, connaissance des faits et des lois, notion claire et souveraine que la Justice — *Buddhi* supérieur revêt de son armure infrangible, et l'homme qui a de longue date rejeté en *Linga Sharira*, en *Kama Rupa*, et en *Mañas* Inférieur les derniers vestiges de l'Animalité, est Esprit, Spiritus, ATMA.

Le croisement des deux évolutions nous donne le Schéma suivant :

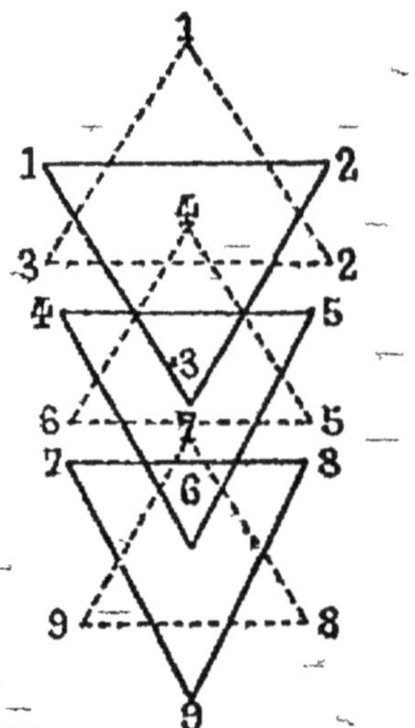

Traits noirs, descendance — 1, Atma; 2, Buddhi sup.; 3, Buddhi inf.; 4, Manas sup.; 5, Manas inf ; 6, Kama Rupa; 7, Linga Sharira; 8, Jiva; 9, Rupa.

Traits pointés, ascendance. — 9, Rupa; 8, Jiva; 7, Linga Sharira; 6, Kama Rupa; 5, Manas inf.; 4, Manas sup.; 3, Buddhi inf.; 2, Buddhi sup.; 1, Atma.

CHAPITRE V

LE CORPS ASTRAL

Parvenus à ce point de notre étude, nous ne reviendrons pas sur les réserves que nous avons dû formuler au sujet de la doctrine de la chute et du rachat. Nous l'avons dit, nous ne nions pas de parti pris, et il semble même qu'en effet une double évolution, descendante et ascendante, soit la loi des mondes.

Mais, en réalité, c'est là seulement une hypothèse, à laquelle, si elle etait prouvee, nous nous résignerions sans aucun enthousiasme.

Continuons donc cette analyse de la Science Occulte dont une de ses plus ardentes adeptes, madame la comtesse d'Adhemar, dit en excellents termes dans son interessante *Revue Théosophique* :

« L'étude de cette science est d'un intérêt si vif que, dans les romans les plus émouvants, dans les drames les plus poignants, on ne trouverait pas des émotions pareilles à celles que l'on éprouve à suivre l'Être, depuis sa séparation du Non-Être, dans la grandiose descente qu'il effectue à travers ses métamorphoses, ses pélerinages, ses douleurs et ses martyres, pour remonter, par une aussi sublime évolution, à son point de départ, mais riche de la connaissance de sa propre nature et doué de l'immortalité glorieuse et de la puissance d'un dieu. »

Il est vrai que la moindre des douleurs ressenties, le moindre des martyres subis gâte pour nous cette poésie superbe. En somme le Principe essentiel de l'homme est un prisonnier, enfermé il ne sait pourquoi, et qui cherche à s'évader. S'il a été bien sage dans son cachot, il lui sera tenu compte de sa soumission : mais il lui faut une vertu bien exceptionnelle pour obtenir qu'on lui donne son exeat definitif. Sorti une première fois, on le reincarcérera — réincarnera — un nombre de fois plus ou moins grand, toujours sous les mêmes conditions.

Ce sont les phases de ces évasions d'un perpétuel Latude que nous allons suivre d'aussi près que possible d'après l'enseignement ésotérique.

Ajoutons qu'étant admis le point de départ, surtout parce que la raison ou la science n'en fournissent aucun autre, l'évolution, si regrettable qu'elle soit, ne manque pas de logique.

Nous sommes arrivés au point terminus de la vie terrestre, à la fin d'une première étape.

Ce qui meurt immédiatement, c'est *Rupa*, le corps, et *Jiva*, la vitalité.

Linga Sharira, le corps astral, duplicata éthéré du corps physique, moule qui le remplissait tout entier pendant la vie, forme sur laquelle il s'est édifié, subsiste pendant un certain temps, coquille de *Kama Rupa* et de *Manas* inferieur.

Nous avons expliqué les raisons logiques qui donnent toute vraisemblance à cette continuité de l'être après la dissolution du corps terrestre.

Insistons maintenant sur le Corps astral, sur ce qu'il était pendant la vie, sur ce qu'il devient après la mort.

Le Corps astral, avons-nous dit, est formé, dans les états subtils de la matière, dans l'évolution descendante, ayant le corps physique que moulera sur lui le travail de *Jiva*, la force vitale.

C'est le Corps astral, ce plan d'ensemble de l'être vivant, qui dirige la force vitale dans l'élaboration continuelle du changement des molécules et empèche cette force d'éparpiller la structure animale en plusieurs organismes distincts. Cette ombre du corps, qui est elle-même un corps, en est le double parfait. Ombre du corps produite antérieurement au corps materiel par la lumière du monde astral ou Akaça, de même que l'ombre extérieure est produite par la lumière solaire.

Tout ce qui est doué de vie sur la terre contient ce double éthéré, canevas de la structure plastique.

On trouve la trace de cette croyance même chez les nations les moins civilisées.

Chez les Esquimaux, chaque objet a son âme, son génie, d· ié de volonté et d'intelligence. Innok, l'esprit du mort, a une forme humaine, elle est pâle et nébuleuse.

Pour les Polynésiens de Tonga, elle a la ténuité du pollen des fleurs.

L'empereur Marc-Aurèle appelait son_ âme *Blandula vagula.*

Pour les Tasmaniens, les Cafres, l'âme, c'est l'ombre physique. A Madagascar, on s'efforce d'arrêter l'âme au sortir du corps, pour la transférer à un malade.

A ceux qui voudraient étudier ces questions au point de vue purement ethnologique, la *Mythologie comparée* de M. Girard de Rialle fournira les plus complètes indications, groupées d'ailleurs dans un esprit de scepticisme absolu.

Plus de faits que de philosophie. Consulter aussi les_ *Principes de sociologie* d'Herbert Spencer en se défiant des conclusions de parti pris.

Cette idée du Corps astral, sous des dénominations diverses, est d'ailleurs une des plus anciennes et des plus persistantes qui aient traversé toutes les philosophies.

Les Platoniciens enseignaient qu'entre la *Psyché* et le corps hominal, il existait un état intermédiaire, corps aérien. encore matériel, plus simple, qu'habitait l'âme en voie de purification.

Porphyre dit :

— L'âme n'est jamais nue de tout corps : un corps plus ou moins pur lui est toujours uni, adapté à sa disposition actuelle. Mais lorsqu'elle vient de quitter le corps terrestre et grossier, le corps spiritueux qui lui sert de véhicule s'en va nécessairement souillé et épaissi par les vapeurs et les exhalaisons du premier. L'âme se purifiant progressivement, ce corps devient à la longue une pure splendeur que nul brouillard n'obscurcit et qui ne jette aucune ombre.

Un auteur chrétien, Philoponus, cité par M. Massey, dit encore :

— La vie irrationnelle de l'âme n'a pas lieu exclusivement dans ce corps terrestre et grossier, mais persiste après le départ de l'âme. Alors elle a pour signe et sujet le corps spiritueux, composé lui-même des quatre éléments, mais qui reçoit son nom de la partie prédominante, l'air, de même que notre corps grossier est appelé terrestre d'après l'élément qui y domine.

Aussi cette idée se retrouve dans toutes les religions orientales. *Linga Sharira* devient pour les Zoroastriens *Keherpas*, pour les Persans *Kâleb*, dans la philosophie indienne *Kwei Shan*.

Les grands chercheurs ont eu la conscience nette de son existence : Paracelse l'appelait *Archaeus*, Swedenborg *Limbus*.

On le trouve dans le panthéisme grec sous le nom de *Ochéma*, le substratum matériel de l'âme, de la racine *Ochéô*, supporter. Dans le panthéisme védique, l'affirmation est positive.

Bien que le corps grossier de l'homme soit apparemment détruit, un corps très subtil, très éthéré, invisible et pourtant matériel subsiste et c'est grâce à la cohésion des éléments matériels de ce corps que l'âme individuelle prolonge son existence. C'est ce corps subtil qui continue à délimiter après la mort les non émancipés — c'est-à-dire ceux qui ne se sont pas encore confondus dans le grand Tout, qui conservent leur identité et qui est la base de la transmigration dans de nouveaux corps. Quelques sages disent que le corps astral est gros comme le pouce, d'autres comme la pointe d'une aiguille. Il a toutes les sensations et les appétences 'de l'ancien corps dont il n'est que l'essence, mais il lui manque les organes d'activité. A la mort, il quitte le cadavre et rôde çà et là dans l'atmosphère des trois mondes, sans cesse rongé par ses appétits et se trouvant dans l'impossibilité de les satisfaire. Ces corps subtils, dit M. A. Bourquin, dans son intéressant ouvrage sur le *Panthéisme dans les Védas* (1), flottent dans les airs, ce sont les Mânes, c'est à eux qu'on offre les repas funéraires et les libations, non pas pour se les rendre propices, mais pour venir en aide à leurs plus pressants besoins provenant de la faim et de la soif. Après avoir subi leur temps d'épreuves, les Mânes ren-

(1) 1 vol., Fishbacher.

trent dans des corps terrestres et recommencent leur course transmigratoire jusqu'à ce que, plus heureux, ils renoncent enfin à leur conscience personnelle et qu'ils puissent être réabsorbés en Brahma.

Concernant le mode d'après lequel le corps subtil se dégage du corps grossier et la manière de sa rentrée dans un nouveau corps, l'*Upanishad Chandogya* du *Samâ Véda*, section V, chap. 10, dit :

« Ceux qui ont accompli les sacrifices, qui ont creusé des citernes pour le public, qui ont fait des aumônes, s'en vont à la mort dans les mondes supérieurs des Mânes : portés sur la fumée de leur bûcher funéraire, ils vont dans la haute atmosphère éthérée, de là dans la lune. Après y avoir passé le temps voulu, ils retournent dans l'atmosphère, de là dans les nuages où ils deviennent des gouttes de pluie qui tombent sur la terre et qui sont bues par les plantes. Ainsi ils deviennent des arbres ou des graines de riz et de la graine de sésame ou de l'herbe ou des légumes. De là, ils passent par la voie de la nourriture, forment la semence virile et enfin dans l'embryon vivant. »

Cette marche transmigratoire est identique, il faut le reconnaître, à celle de la dissolution physique des corps et de la reconstitution de nouveaux êtres, formés et nourris de la décomposition d'organismes disparus. C'est la théorie de l'évolution naturelle.

Origène croyait que les âmes avaient existé avant la création du monde, mais qu'ayant péché elles avaient mérité d'être enfermées dans diverses prisons, selon la diversité de leurs crimes, les unes dans les astres, les autres dans des corps humains.

Selon Tertullien, il est absolument nécessaire que l'âme soit matérielle. D'ailleurs, s'écrie-t-il, si l'âme n'était point corps, quelle est la substance qui descendrait aux enfers, et y resterait jusqu'au jour du jugement ?

Arnobe l'Africain veut que l'âme soit non-seulement corporelle, mais mortelle : elle ne subsiste que par un miracle renouvelé du Créateur. Elle n'est ni incorporelle, ni incorruptible et les âmes des damnés seront détruites par le feu de l'enfer. C'est d'ailleurs la pensée de Lucrèce qui refuse le bénéfice de l'immortalité à l'âme corruptible.

L'opinion d'Irénée se rapproche au contraire de la théorie Pythagoricienne. L'âme est un corps, elle a des yeux, des doigts, un visage, elle est la ressemblance, *l'imago* d'un corps : après la mort elle va dans un lieu particulier où elle attend la résurrection : aussi Clément d'Alexandrie la fait descendre dans un lieu souterrain.

C'est surtout dans la Kabbale que nous trouvons l'idée du corps astral nettement exprimée. On sait d'ailleurs que la Kabbale n'est que la tradition ésotérique de la religion de Moïse, reflet elle-même de l'antique initiation égyptienne.

D'après la Kabbale, les trois éléments de l'homme sont :

Nephesch — le corps — *Rupa*.

Ruach — Le corps astral — *Linga sharira*.

Neschamah — L'âme — *Manas*.

Ruach est un corps interne, idéal, expression virtuelle, passive de toute l'action extérieure de la matière. Le miroir de la vie corporelle. Mais les reflets dont il est le récepteur sont eux-mêmes actifs par une sorte de vivification, répercutée.

Ruach, composé des forces qui sont à la base de l'être matériel, est un individu spécial, dispose de lui-même et se manifeste par une action libre et volontaire toutes les fois que l'action de *Nephesch*, du corps, n'est plus suffisante pour le retenir. Il s'évade dans le sommeil, la prostration, mais il est retenu au corps par un lien dont la rupture entraîne la mort du corps matériel.

Le corps astral qui est en l'homme est en même temps hors de l'homme : c'est-à-dire que tout en l'emplissant entièrement, en se logeant dans les moindres parcelles de son organisme, il a, en outre, une sorte d'émanation fluidique, une *aura* qui entoure le corps comme une sorte d'estompage.

C'est surtout à la tête et aux doigts que cette *aura* a plus de densité, c'est de cette *aura*, visible en de certaines conditions, qu'est faite l'auréole, — dont l'explication naturelle est non moins naturellement repoussée, — que les représentateurs de saints et de sages ont placée autour de leur front.

L'ignorance est la première source de la négation : l'existence de l'*aura* est prouvée aujourd'hui, et même son nom est passé dans le langage scientifique : on appelle *aura* hystérique cette sensation de vapeur montant à la tête des hystériques ou des épileptiques au moment de l'accès et qui n'est autre qu'un déplacement du corps astral.

Van Helmont avait déjà reconnu que l'*aura*, le corps astral, ou plutôt son émanation, sort du cœur pour s'élever autour de la tête.

Ce qui est vraiment curieux, c'est l'explication donnée par les médecins, par exemple, de l'*aura epileptica* : c'est, disent-ils, la première manifestation convulsive de l'attaque. — Pardon ! s'écrie un autre, c'est une perversion de la sensibilité.

Après ? Rien. Ces définitions ne sont pas des explications.

L'*aura* morbide est une déséquilibration de l'*aura* normale.

Ce qu'on appelle la boule hystérique n'est autre que le mouvement du corps astral, s'efforçant, sous une action pathologique, de sortir du corps, partant de l'épigastre, ou plutôt du plexus sympathique et montant vers la tête.

C'est de cette *aura* que s'emparent les élémentaires, dont il sera parlé plus loin, pour produire des apparitions.

Sous l'action d'une lumière diffuse, les choses et les êtres apparaissent entourés d'une auréole devenue visible par un phénomène de transparence.

L'aura n'est autre que *l'aour* de la Kabbale. Mais ceci nous entraînerait trop loin, du moins hors des limites que nous impose l'exiguité d'un volume. La science antique et la prescience moderne sont indissolublement liées. Il y a là tous les éléments d'une étude que nous nous réservons d'entreprendre à loisir.

Mais, pour revenir à notre sujet, c'est *l'aura* astrale qui produit, sans excitation excessive, la plupart des phénomènes que nous avons décrits dans notre première partie.

Elle seule explique ce que peut être cette force, récemment découverte par M. Thore, qui l'a seulement reconstatée, après qu'elle a été niée pendant tant de siècles :

On connaît cette expérience :

Si on dispose un pendule, formé d'un petit cylindre, creux ou plein, en ivoire, de 25 millimètres de longueur et de 5 millimètres de diamètre environ, suspendu suivant son axe par un cheveu ou un fil de soie d'un seul brin, qu'on le place bien à l'abri des moindres mouvements de l'atmosphère, et qu'on approche doucement du premier cylindre un second cylindre semblable ou quelque objet plus mince, voire même un cheveu tenu à la main, jusqu'à un millimètre environ de sa surface, on observe les faits suivants :

Le cylindre suspendu se met à tourner et sa rotation se fait de droite à gauche ou de gauche à droite, suivant que le corps tenu à la main est à sa droite ou à sa gauche. La nature de la substance des deux cylindres et leur masse sont sans effet sur la production du mouvement. La vitesse de la rotation est fonction de la longueur des cylindres, de leur rapprochement et du diamètre du premier cylindre. La vitesse de la rotation varie avec les expérimentateurs et pour une même personne, selon les jours et les heures. Si deux personnes se placent vis-à-vis l'une de l'autre, de chaque côté du pendule et qu'elles tiennent le cylindre fixe avec les mains opposées, on observe toujours de fortes perturbations dans le mouvement et quelquefois son annihilation complète. M. Thore voit dans ces phénomènes la manifestation d'une force non encore étudiée et inhérente à l'organisme humain, sinon à la matière vivante en général.

Or, en 1862, un homme de lettres, doublé d'un chercheur, M. Lemoine-Moreau, un des auteurs du drame si connu, le *Courrier de Lyon*, attirait l'attention de l'Académie sur des faits identiques et qu'il a décrits dans une petite brochure à peu près introuvable : *Découvertes d'un âne savant* (1).

En voici un extrait :

« Pour se procurer une boussole de fluide vi-

______

(1) *Dentu*, éditeur, 1862.

tal, obéissant à l'aimant, au galvanisme et à notre propre électricité, il suffit de se couper une petite mèche de cheveux de cinq ou six centimètres de longueur et de la grosseur d'une forte epingle, de l'entourer d'un fil quelconque pour la maintenir en forme d'aiguille, et enfin de la suspendre par son centre à un fil de coton qui lui permette de tourner librement dans tous les sens. Après, si on l'a laissée s'orienter, on lui présente les doigts d'une main, ils repousseront le pôle qui sera attiré par les doigts de l'autre.

» Pour être dans de bonnes conditions, il faut avoir la face tournée vers l'Est et opérer autant que possible sur un meuble en bois sur lequel on aura placé une feuille de papier buvard. Les heures ne sont pas non plus indifférentes. Ainsi, midi et minuit surtout sont des heures moins favorables que le lever et le coucher du soleil. »

Inutile de dire qu'à ces communications, dont nous ne citons qu'une parcelle, l'Académie répondit par le plus parfait mépris.

Revenons au corps astral.

L'homme peut, par une forte concentration de volonté, projeter hors de lui une partie de son corps astral, en une sorte de prolongement de son propre corps. C'est ainsi que le fluide astral sortira des doigts, sous l'action d'un effet raisonné, pour produire tel ou tel effet raisonné et qui paraîtra surnaturel.

— Aller plus loin est difficile et dangereux.

Ainsi, comme nous le verrons, l'homme peut

véritablement sortir de lui-même et apparaître en corps astral : mais il faut de longues et patientes études, impraticables à celui qui ne s'abstrait pas des contingences de la vie ordinaire, pour que l'homme puisse opérer de lui-même son dédoublement. Certes il est facile de projeter hors de soi une parcelle de corps astral. Nous agissons ainsi à chaque instant, à notre insu, dans nos regards, dans nos volontés fugitives ; avec un peu d'attention et de persévérance, il se peut que la force psychique agisse hors de nous ; mais sortir de soi même en corps astral est un des actes réservés aux seuls initiés, c'est-à-dire à ceux qui, pendant des mois et des années, ont concentré sur ce phénomène toute leur énergie physique et morale. Et encore convient-il de distinguer l'astralisation consciente et inconsciente.

Dans l'évanouissement, dans la syncope, le corps astral n'est plus uni au corps matériel que par un lien des plus faibles. Le médium, dont le corps astral se prête à une matérialisation partielle ou entière, n'a ni volonté ni initiative : c'est un mort dont un autre prend la place.

Mais projeter sciemment hors de soi son corps astral, le parfaire en quelque sorte, lui infuser sa vie, sa raison, sa conscience, son intelligence, lui communiquer sa propre énergie, afin d'user de la force supérieure qu'il possède et, grâce à ce véhicule, aller, quoique immobile en corps matériel, jusqu'aux confins du monde astral, c'est ce qui n'est donné qu'à de très rares personnalitos, vouées à l'étude des sciences occultes. Entraînement terrible, initiation effrayante dont chaque degré est une menace de mort.

On le voit souvent exsuder du corps d'un mé‑ dium et apparaître auprès de lui : mais la vie du médium est pendant ce temps en très grand danger.

Il arrive aussi qu'un mourant peut apparaître en corps astral.

En nous, le corps astral veille sans cesse : jamais il ne dort.

Tout le monde connaît ce singulier phénomène de l'intuition de l'heure, cette faculté bizarre qu'ont la plupart des hommes de s'éveiller exactement à l'heure qu'ils ont fixée d'avance ; on a cherché à l'expliquer de cent façons, notamment par un phénomène d'adaptation physiologique, qui peut être un fait, mais qui manque des caractères essentiels d'un principe.

Un de nos amis nous racontait le fait suivant :

Il avait pris l'habitude de se réveiller tous les jours à sept heures, ce qui arrivait immanquablement. Mais ce qui le frappa de surprise, c'est qu'il s'éveillait, non pas à l'heure réelle, mais à l'heure marquée par sa montre, suspendue au-dessus de sa tête, et cela, que sa montre fût en avance ou en retard.

« Il semblait, nous dit-il, que quelqu'un qui se trouvait à côté de moi, veillant tandis que je dormais, regardât le cadran de la montre et, se fiant à lui, m'éveillât à l'heure marquée.

Ce quelqu'un, c'est le Corps astral qui, pendant le sommeil du corps matériel, vague plus ou moins autour du corps engourdi et inapte à le retenir et à le dominer, mais auquel il reste quand même lié. C'est l'Astral qui — voit — l'heure à la montre et actionné par la volonté, naguère manifestée, rentre hardiment dans le corps et provoque le réveil.

Il arrive parfois que l'homme, absorbé par une méditation profonde, en conférence avec *Manas*, en quelque sorte, oublie l'heure d'un rendez-vous. Soudain il se fait en lui un sursaut. Quelqu'un veillait auprès de lui, autour de lui, qui, cédant à l'impulsion du souvenir dont il est l'enregistreur, de la volonté qui s'est imprimée en lui, tout à coup agit dynamiquement et arrache l'homme à cette sorte d'extase.

· Ainsi chez l'hypnotisé, ce n'est ni le corps, *Rupa*, ni la force vitale, *Jiva*, qui reçoit l'impression de volonté de l'hypnotiseur, mais bien le Corps astral qui emmagasine les ordres et qui les exécute à l'heure dite, entraînant *Rupa* et *Jiva*.

Quand l'hypnotisé résiste à l'ordre impérieux de *Linga Sharira*, c'est parce que *Kama Rupa* et *Manas* protestent.

Exemple :

L'hypnotiseur a donné ordre au sujet de prendre, à son réveil, en sa main un charbon ardent.

Le Corps astral obéira, et contraindra *Rupa* à exécuter l'ordre matériel, le bras s'avancera, la main s'ouvrira, mais il se peut qu'à ce moment

Kama Rupa, l'âme animale, se révolte en raison de la douleur prévue.

Dans une expérience, devenue classique, l'hypnotiseur ordonne au sujet de s'emparer d'un objet, d'une montre qui ne lui appartient pas. Le Corps astral obéit, actionnant le corps matériel. L'acte indélicat va s'accomplir, lorsque *Manas*, la conscience, s'éveille et oblige le sujet à hésiter et à dire :

— Mais c'est un vol !

Le Corps astral n'a, par lui-même, ni sensation, ni intelligence, ni conscience.

Nous disons qu'il veille toujours. Voici un exemple cité par M. Carl du Prel :

M. Varley, membre de la société royale de Londres, physicien, électricien de la compagnie du télégraphe transatlantique, raconte ce qui suit :

— Je devais prendre le bateau qui partait le lendemain matin et je craignais de ne pas m'éveiller à temps. Il me vint à l'esprit d'employer un moyen dont plusieurs fois j'avais éprouvé l'efficacité, c'était de me coucher avec la ferme intention de m'éveiller à temps le lendemain. Le matin arriva et je me vis profondément endormi. Je cherchai à me réveiller sans y parvenir. Au bout d'un moment, un moyen se présenta qui pouvait me venir en aide : j'aperçus une cour dans laquelle se trouvait un tas de bois vers lequel deux hommes se dirigeaient. Ils montèrent sur le tas de bois et soulevèrent une grosse poutre. L'idée me vint alors d'inspirer à mon corps de rêver qu'à mes pieds tombait une lourde bombe dont la mèche allumée brûlait en sifflant, et au moment où les deux hommes jetaient la poutre en bas, je fis rêver à mon corps que la bombe éclatait en me labourant la figure. Cela me réveilla subitement, mais avec le clair souvenir des deux séries différentes de phénomènes dans l'une desquelles l'esprit intelligent avait agi sur le cerveau physique de façon à lui faire admettre par la force de sa volonté, comme réelle une impression imaginaire. Je ne laissai pas écouler une seconde avant de sauter du lit et d'ouvrir la fenêtre, et je vis la cour, le tas de bois et les deux hommes, exactement comme mon esprit les avait vus. Je n'avais aucune connaissance antérieure de la localité : le soir précédent, il faisait nuit quand j'étais entré dans la ville et je ne savais même pas qu'il y eut une cour. Il était bien évident que j'avais vu toutes ces choses, pendant que mon corps était encore endormi. Je ne pouvais pas avoir vu le tas de bois avant que la fenêtre fût ouverte...

N'est-il pas évident que le corps astral veillait, et que *Kama Rupa* et *Manas* lui avaient inspiré toute cette comédie tendant au réveil.

C'est le Corps astral qui vit dans les rêves, qui errre sur le plan astral et y rencontre les visions qui hantent notre sommeil.

L'âme peut vivre sur le plan astral de bien des façons, dit M. Guymiot que nous avons souvent cité, elle peut par exemple rester tranquillement spectatrice de ce qui se passe à sa portée,

comme une personne assise à sa fenêtre regarde
les allants et les venants dans la rue ou bien
prendre part elle-même aux événements qui se
déroulent ou encore s'y promener, y voyager,
entrer en relations de toutes sortes avec les êtres
qu'elle y rencontre.

Les rêves ne sont pas des illusions, ou plutôt
il n'y a pas d'illusions, tout est réalité. Il ne s'agit
que de comprendre qu'il y a des plans différents.
Pendant le sommeil, l'élément astral des hommes
evolue sur le plan supérieur, sur sa limite la plus
proche, il est vrai, comme s'ils regardaient par-
dessus le mur d'une propriété dans laquelle ils
n'ont pas le droit de pénétrer.

Le monde astral, en raison de l'activité psychique qui est sa caractéristique, s'agite avec une
rapidité dont la plus fievreuse activité terrestre
ne saurait donner une idée : l'œil de l'âme, ouvert
pendant le sommeil, voit passer des formes sans
cesse renouvelées, il arrête au passage les formes
qui ont une analogie avec les souvenirs dont la
conscience de l'homme endormi est elle-même
imprégnée.

Le Corps astral fait plus encore : il emprunte
la matière astrale pour en envelopper les formes
projetées par le cerveau de son double matériel
et dont il a en lui l'empreinte, et c'est ainsi qu'il
reconstitue pendant le sommeil les choses, les
êtres et les faits de l'état de veille. C'est un en-
trelacement de deux vies, l'une sur le plan physique, l'autre sur le plan astral.

Il y a réaction mutuelle.

Dans un travail extrêmement intéressant : *Les sept principes de l'homme au point de vue scientifique* (1) ». M. G. Encausse (Papus) a expliqué la localisation du corps astral.

Il condense d'abord les sept principes en trois : le corps, la vie, l'esprit.

Il montre ensuite le corps astral localisé dans le globule sanguin et les ganglions du grand sympathique, et conclut à cette échelle :

1. Le corps.
2. La vitalité. Vie propre des cellules organiques.
3. Le corps astral. Globules sanguins et ganglions nerveux.
4. L'âme animale. Grand sympathique.
5. L'âme humaine. Cerveau.

Mais où sont localisés les principes supérieurs, *Buddhi* et *Manas*, qu'on peut désigner pour plus de clarté par ces deux expressions figurées, l'âme angélique et l'âme divine ?

Ils sont hors de l'être, dans l'*aura* du corps astral, à la partie supérieure. Ce sont eux qui, au front de Moïse, sont représentés par les deux cornes, au front du Christ par l'auréole.

Donc, c'est le Corps astral qui emmagasine nos habitudes d'où procèdent les actions réflexes : il est par excellence le siège de la mémoire et nous fournit des souvenirs doublement oubliés en ce

____

(1) Carré, éditeur

sens que nous ignorons même les avoir con-
servés.

Peut-on prouver autrement que par des raisonnements l'existence du corps astral?

Les expériences de Crookes suffiraient pour
répondre à cette question.

Mais, en raison de l'axiome, il n'est pas d'effet
sans cause, comment expliquer autrement les phénomènes de la suggestion et du magnétisme?

Le sujet est endormi à distance, aussi souvent
en la vue qu'en dehors de la vue de l'expérimentateur. Étant en état de sommeil, il est soumis à
des influences qui, au réveil, par la suggestion se
traduiront en actes, en faits qui sont hors de
conteste. Or, de l'opérateur au sujet, une force
jaillit, qui produit ces effets. Cette force, il est
impossible de l'assimiler à aucune des causes
dynamiques dont disposent nos muscles. Ce n'est
pas notre force matérielle qui agit, c'est une force
d'un ordre supérieur peut-être, différent à coup
sûr, qui influe sur les facultés physiques et psychiques du sujet. Elle procède donc à la fois de
la matière et de l'esprit, elle réside dans l'organisme de l'expérimentateur, qui la développe par
un entraînement convenable, elle le remplit tout
entier, car quiconque a usé cette force sait qu'il
faut, pour la projeter, faire à la fois effort physique et psychique...

Par ces simples déductions apparaît l'analogie
parfaite entre ce qu'on appelle la force magnétique, l'influx nerveux et le corps astral, qu'on le

nomme *Ruach* en hébreu ou *Linga sharira* en sanscrit.

A l'état d'indifférence, alors qu'il ne professe pas le : « Connais-toi toi-même ! », l'homme ignore son corps astral. Son sang circule, son cœur bat, ses pouls marquent les pulsations, sans qu'il s'inquiète de la cause de ces phénomènes qui s'accomplissent en dehors de sa volonté.

Celui-là même qui exerce une influence sur autrui par le regard ne se demande pas quel est le lien qui établit une communication entre l'un et l'autre. Le savant officiel, hasardant des explications qui ne se sont le plus souvent que des tautologies, ne veut pas avouer que dans la projection de cette force magnétique ou suggestive, il sort de lui-même, il se dédouble pour aller, par le corps astral, aussi matériellement qu'il irait par le corps matériel vers le sujet toutes les fois que la force ou la pensée doivent exercer une action hors de la portée des tacts matériels.

En une assemblée, les auditeurs sont attentifs et l'orateur s'efforce de convaincre. Les corps astraux des uns et de l'autre se penchent en quelque sorte pour se rapprocher, et de la collectivité se forme un groupe—attention—sur lequel s'exerce l'influence psychique du parleur, en dehors de son effet purement vocal.

Ainsi, dans la colère, la terreur. Les langues ont, à cet égard, de singulières et utiles révélations : l'homme qui hait *foudroie* du regard son adversaire qui pâlit. La force astrale de l'un s'élance sur le Corps astral de l'autre, et c'est malgré lui que l'adversaire blémit. Il y a choc réel, analogue, avec un caractère indéniable de double influence corporelle et psychique.

Mais si, dans tout homme, le Corps astral vit et agit à son insu, sans que sa conscience mesure ni dirige toutes ces manifestations, il n'en est pas de même chez l'homme qui s'examine lui-même et qui, par de patientes études, s'efforce de s'en rendre maître. Dans le monde occidental, le medecin, le physiologiste y parvient en de certaines proportions.

Toutefois, le cas le plus fréquent est celui-ci : certains êtres dont le prototype se trouve chez les névrosés des hôpitaux, non-seulement ne sont pas maîtres de leur corps astral, mais encore n'ont pas en eux la force équilibrée, nécessaire pour le retenir. De cette nature sont ceux qu'on appelle médiums, qui ne sont pas maîtres des phénomènes qu'ils accomplissent, mais qui les subissent, leur Corps astral étant soumis à toutes les influences, soit de ceux qui leur imposent leur volonté, soit des forces physiques ou psychiques qui existent dans la nature.

Qu'on se reporte aux expériences analysées dans la première partie de ce travail, notamment à celles de William Crookes, et la réalité du Corps astral ne peut plus être mise en doute.

Il est une observation concluante à laquelle on n'a pas porté l'attention qu'elle mérite.

L'homme amputé souffre encore dans le membre qu'il a perdu ; c'est que le Corps astral du membre coupé existe toujours. On a vu un amputé d'une jambe se tenir droit, s'appuyant, sans le savoir, sur le membre astral, momentanément solidifié par l'instinct.

Voici, à cet égard, une observation des plus curieuses, recueillie par un chirurgien américain dans les Montagnes Rocheuses, en 1881 :

« — Je visitais, raconte ce chirurgien, une scierie mécanique avec des amis. L'un d'eux, glissa, et son avant-bras fut saisi par une scie circulaire qui le mutila. L'amputation fut nécessaire. On était à grande distance d'une ville. L'amputation faite, le bras coupé fut placé dans une boîte remplie de sciure de bois et on l'enterra. Peu de temps après, mon ami, en pleine voie de guérison, se plaignit de souffrir de son bras absent, ajoutant qu'il se sentait la main pleine de sciure et qu'un clou lui blessait le doigt. Ses plaintes persistant au point de lui enlever le sommeil, ceux qui l'entouraient craignaient pour sa raison, quand la pensée me vint de retourner à l'endroit où s'était passé l'accident et, si étrange que cela puisse paraître, tandis que je lavais le membre déterré pour le débarrasser de la sciure, je constatai qu'un clou du couvercle de la boîte s'était engagé dans le doigt. Ce n'est pas tout, le blessé, qui se trouvait à plusieurs milles de là, disait à ses amis : « — On verse de l'eau sur ma main, on enlève le clou, cela va beaucoup mieux. »

Une aventure à peu près semblable arriva à un certain Samuel Morgan, employé aux machines à coudre Singer. Amputé à la suite d'un accident, il se plaignait de souffrances à l'épaule et de crampes dans ses doigts absents. On reconnut alors que le membre amputé avait été tassé si violemment dans la petite caisse où on l'avait enfermé pour l'enterrer, que la main était repliée sur elle-même, de façon à causer dans le membre — s'il eût été vivant — la douleur dont se plaignait le blessé.

Il suffit, d'ailleurs, de consulter les internes de nos hôpitaux pour constater nombre de faits analogues, attribués, comme toujours, à un suggestion de l'imagination.

Les Américains, plus hardis, ont essayé d'utiliser ces constatations pour la meilleure guérison du patient.

Ils n'hésitent pas à déclarer que la douleur physique a une répercussion durable dans la forme spirituelle du membre amputé. La gangrène qui se déclare après des amputations est, selon eux, la résultante de la décomposition du membre coupé. En brûlant ce membre, le danger disparaît. Seulement, comme le patient souffre pendant la crémation du membre détaché, comme s'il adhérait à son corps, il importe de l'anesthésier pendant l'opération.

Il est vrai que ces expériences ne paraissent pas avoir été faites en France, quoiqu'on ait constaté mille fois des douleurs inexplicables et la persistance de la sensation dans les membres amputés. J'ai connu moi-même un amputé de la jambe qui affirmait de la façon la plus positive qu'il avait mal aux doigts du pied.

Seule, la science dite Occulte, donne de ces faits une explication logique.

Quiconque a assisté à des séances de médiumnité, est convaincu de l'existence du Corps astral, que l'on voit littéralement sortir du corps du médium, qui alors se trouve dans l'état appelé *trance*. Tantôt ce sont des lueurs phosphorescentes qui paraissent sur les diverses parties de son corps, tantôt, c'est une sorte de vapeur qui s'échappe du corps, à la hauteur du cœur, qui s'élève dans l'air, se condense, redescend vers la terre en forme plus ou moins humaine.

Mais, le plus souvent, comme nous l'avons dit, il est inconscient lui-même des effets qui se produisent et il est incapable de les diriger. Son Corps astral est soumis aux élémentaux et aux élémentaires, dont il nous faut expliquer maintenant le rôle dans la nature.

CHAPITRE VI

LES ÉLÉMENTAUX

Nous allons toucher ici aux questions les plus mystérieuses et les moins connues de la science Occulte. Bien plus, ceux-là même qui ont livré une partie du secret, l'ont fait avec une discrétion qu'on ne saurait leur reprocher, dès qu'on comprend que si la vraie Magie, la Magie blanche, lumineuse, peut apporter à l'homme la vérité et le bonheur, il en est une autre Magie noire, ténébreuse, qui peut amener les effets les plus terribles et les plus désastreux.

En effet, si nous nous reportons à ce que nous appellerons la Magie terrestre, c'est-à-dire notre science, ne comprenons-nous pas que si l'honnête homme peut, grâce à sa connaissance des éléments naturels terrestres, produire pour ses semblables le bien de la guérison, le progrès industriel, le perfectionnement des conditions vitales et sociales, un autre peut ne se servir des secrets surpris que pour le mal.

Un chimiste adonné au travail consciencieux, ouvrira-t-il son laboratoire au premier passant qui témoignera de sa curiosité? Avant de l'admettre comme élève, ne s'enquerra-t-il pas de sa moralité, du but qu'il poursuit? Livrera-il sans précautions la clef de l'armoire aux substances vénéneuses dont l'action, entre ses mains à lui, peut et doit être bonne, à un inconnu qui ne se servira des poisons que pour satisfaire ses passions, ses vengeances, ses instincts criminels?

Or si nous avons été bien compris, dans ces études destinées seulement à donner à autrui l'intuition d'un monde inconnu et pourtant réel, n'est-il pas évident que les forces que nous avons nommées plutôt qu'expliquées, réservant à un second volume des détails qui, ici, fussent restés presque incompréhensibles, sont aux éléments dont dispose la science officielle ce que l'électricité est au souffle d'un enfant sur une plume qui s'envole.

Les forces psychiques sont autrement puissantes, autrement difficiles à manier que les forces physiques, elles peuvent avoir raison de résistances qui, si grandes fussent-elles, ne pèseraient pas devant elles plus qu'un fétu de paille.

Ne voit-on pas déjà un exemple de cette vérité, quand on songe au mal que pourraient commettre les magnétiseurs et les hypnotiseurs. Le bon sens public s'est effrayé des dangers que peuvent évoquer non-seulement les charlatans, mais encore les vrais savants qui ne seraient pas guidés uniquement par l'amour vrai de la science. La suggestion n'a-t-elle pas été étudiée comme moyen criminel et n'existe-t-il pas dans les fastes du vice des procès où l'action de la suggestion nous apparaît aujourd'hui évidente ?

Est un magicien noir quiconque se sert de la force acquise pour le mal. Castaing et la Pommeraye furent des magiciens noirs. La justice humaine les a atteints et châtiés. Combien lui ont échappé ? Et encore il s'agit en ces cas spéciaux de criminels qui cherchent à utiliser une substance dont ils croient les caractères irreconnaissables *post mortem*, mais qui, étant à la portée de tous les chercheurs, ont bien vite livré leur secret.

Mais dans le domaine que nous appelons occulte, tout est encore inconnu.

Les forces dont disposerait le magicien noir tirant leur puissance d'un plan autre que le plan purement physique, ont des propriétés qui sont absolument inconnues de la presque totalité des hommes et tout particulièrement de ceux que leur éducation a mis en garde entêtée contre toute incursion dans le domaine du surnaturel.

Parlez à un médecin de la théorie suivante :

Le mal n'est pas seulement physique, il est également et surtout psychique. La haine, la colère, sont des poisons au même titre et même, à un degré plus violent, que l'arsenic ou la strychnine. Le méchant, par l'intensité de son mauvais vouloir, fait du mal à autrui. Il empoisonne de sa méchanceté l'atmosphère dans laquelle vit celui qu'il hait. Son Corps astral est un poison qu'il projette vers son ennemi. Ni l'envoûtement ni la jetée des sorts ne sont de vains mots.

Les sorcières de Macbeth écrasant dans leur chaudière des animaux immondes, torturant des bêtes venimeuses pour leur faire cracher leur bave dans un spasme de rage, composent des poisons d'un caractère plus dangereux que ceux qui sont distillés dans les alambics. Le sang d'un animal mort dans les convulsions de la fureur impuissante est un poison.

Il est facile de traiter de folie superstitieuse la cueillée de plantes à minuit sous un gibet.

Il serait préférable de faire des expériences qui prouveraient ou infirmeraient la réalité des faits : il est singulier que la science moderne semble tenir à orgueil de n'opposer que le dédain à toutes les suggestions du passé. On devrait bien comprendre cependant que les persécutions de l'église ne constituent en aucune façon une preuve de nullité à l'égard de phénomènes qui, quoi qu'on en dise, ont été mille fois constatés.

Nous sommes dans le temps du préjugé à rebours. Rien de ce qui n'a été établi par l'expérience n'a un fondement vrai. Le principe serait juste, s'il ne conduisait au refus des expériences.

Le médecin auquel on aurait l'audace d'insinuer cette argumentation hausserait les épaules et, si on appartenait au corps officiel, vous dénoncerait à la vindicte des supérieurs.

Lire Paracelse ou Van Helmont ou Basile Valentin ou Glauber, c'est descendre la pente de la folie. C'est pourquoi nos savants sont si raisonnables.

Il faut que des hommes indépendants de toutes coteries aient le courage d'attirer l'attention sur de prétendus paradoxes qui, dans dix ans, plus tôt peut-être, seront reconnus pour des vérités.

La magnétisation de l'eau, qui est aujourd'hui d'ordre courant ; ouvre de singuliers horizons sur la vieille question des talismans. Il n'est pas impossible de communiquer à la matière, par des procédés appropriés des propriétés spéciales, thérapeutiques ou autres.

La matière brute peut subir et répercuter des suggestions comme la matière vivante.

Pourquoi ?

Rien n'est rien.

Rien ne vient de rien.

Rien ne va à rien.

Aucune manifestation matérielle ou psychique ne se produit si elle n'a en elle une force essentielle, principielle : par conséquent, à quelque classe de choses que nous appliquions ce principe, nous trouvons que Tout a en soi sa potentialité, force intime dont les propriétés sont l'expression.

Tout est une résultante multiple — fait existant *in ipso*, soumis à des lois directrices, obéissant à un principe général.

L'air, la terre, l'eau, le feu, pour parler le langage des anciens, toutes les expressions de la matière, selon l'école moderne, ont en eux leur puissance d'être, dans la sphère de leur activité possible...

L'oxygène et l'hydrogène, qui se combinent sous l'action électrique pour produire l'eau, ont en eux, chacun individuellement, une force active qui les pousse à cette combinaison, et quand elle a eu lieu, une évolution s'est produite donnant naissance ou plutôt servant de coque, d'habitacle à la Force spéciale de l'eau. S'il arrive que l'oxygène soit décomposé en corps plus simples, chacun de ces corps aura en lui une potentialité dont celle de l'oxygène, tel qu'il se comporte aujourd'hui, n'est qu'une résultante.

En tout, selon modification d'état, il existe une force potentielle — et puissante, c'est-à-dire active et réelle — adéquate à cet état. De plus, en raisons d'affinités fatales, ces potentialités souvent latentes tendent à se modifier ou plutôt à se perfectionner par l'évolution,

La matière est une semence qui veut toujours germer, le progrès de cette germination dépend de la valeur de sa potentialité et aussi de sa faculté d'adaptation aux milieux supérieurs.

Chaque stade de l'évolution se distingue par des potentialités particulières. C'est ainsi qu'en chimie l'état naissant développe des propriétés particulières : le moment de la métamorphose, l'interrègne de deux potentialités, est lui-même une expression de la force qui a son individualité propre et sa nature spéciale.

Donc répétons que tout ce qui est, en quelque règne que ce soit, minéral, végétal ou animal, a en soi son principe actif, vivant, évolutif, à lui spécial, sorte de Psyché, étincelle principielle et douée d'une volonté qui, pour être plus ou moins obscure, n'en est pas moins propulsée par une volonté intime et incoercible. En toute chose, il y a un Être de la chose.

Cet Être tend quelque part.

Les anciens n'avaient pas méconnu cette vérité. La Kabbale définit ces forces qu'elle appelle *Ruchin* et *Lilith*, mâles ou femelles, positives ou négatives.

Ces êtres, potentialités des choses, l'Occultisme les dénomme Élémentaux.

En langue mythologique, c'étaient pour les forces terrestres, minérales, les Gnômes, gardiens des trésors et des mines, obéissant à la Reine de Golconde.

Pour les végétaux, les Dryades, Épiméliades, Napées, Agriades, Nymphes.

L'air était peuplé de Sylphes, Lutins, l'Eau d'Ondins, le Feu de Salamandres.

— Tous les éléments, dit Paracelse, ont une âme et sont vivants. Les habitants des Éléments s'appellent Saganes. Ils ne sont pas inférieurs à l'homme, mais en diffèrent en ce qu'ils n'ont pas d'àme immortelle. Ce sont les puissances de la nature, c'est-à-dire ce sont eux qui font ce qu'on attribue généralement à la nature. Nous pouvons les appeler des êtres, mais ils ne sont pas de la race d'Adam. Ils mangent et boivent les éléments qui, dans leur sphère, servent de nourriture et de boisson. Ils sont habillés, ils se marient et se multiplient entre eux. Ils savent tout ce qui se passe et se révèlent souvent aux hommes qui peuvent converser avec eux. Ils peuvent venir parmi nous et se mêler à notre société. Ils peuvent engendrer avec nous, mais leurs enfants ne leur appartiennent pas...

Ici, comme en toute formule alchimique, il faut chercher le sens réel caché sous le sens cabalistique.

Mais avant tout et pour l'intelligence de ce qui va suivre, il faut revenir à cette idée que les éléments des choses ne sont pas de simples entités métaphysiques, mais des êtres réels, doués de vie, de formes et de volonté, instinct si l'on veut mais qui les entraîne sur le chemin de l'évolution, et par conséquent tend à les rapprocher de l'hominalité.

N'oublions pas encore que l'homme est formé d'élémentaux qui représentent la partie la plus grossière de son corps, mais qui ne s'y trouvent pas moins, en possession de leur potentialité propre, carbone, phosphore, etc.

Les Élémentaux ne sont donc pas en réalité

inférieurs à l'homme, puisqu'ils peuvent participer à son évolution. Seulement, comme nous l'avions fait remarquer à propos du pollen des fleurs, dans les élémentaux minéraux, combien peu par exemple parviennent au stade de l'évolution hominale ! Combien d'avortements !

Le premier stade doit élever le minéral au végétal ; l'effort, souvent impuissant de l'élémental minéral, se traduit par ces hybrides, semi-végétaux, qui semblent des déviations tératologiques.

Mais en outre, l'évolution attache parfois le minéral à la bête, sorte de rudiment d'incarnation qui unit l'immobilité au mouvement, l'insensibilité à la sensibilité, l'amorphisme à la plastique.

On sent cet effort persistant et souvent infructueux, l'animal s'évade de sa coquille minérale, comme l'homme s'évadera plus tard de son corps matériel.

Les élémentaux n'atteignent jamais à *Manas*, l'esprit, puisque l'homme rejette avant son évolution spirituelle tout ce qui lui reste de l'élément purement matériel.

Mais ils jouent dans la constitution de l'homme un rôle dont on ne saurait méconnaître l'importance : on peut même dire que l'homme est, en tant que corps matériel, sous l'influence de la force élémentale.

Puissances de la nature, mais puissances bornées. Etres réels, mais qui n'ont rien de l'hominalité.

Par le végétal, ils pénètrent en l'homme pendant sa vie, autant du reste que par les éléments minéraux, gazeux, essentiels de la matière.

Il existe donc entre les Élémentaux et l'homme une connexion, une relativité qui ne cesse qu'à un stade très élevé de l'évolution hominale.

Minéral ou végétal, l'Élémental obeit à des attractions qui sont la forme de ses désirs : il est habillé d'une substance.

Mais quand cette substance lui fait défaut, qu'elle est désagrégée ou sublimée, désintégrée même, l'Élémental, en tant que potentialité, n'en existe pas moins. Il est à l'état d'énergie conservée.

Ces énergies ont une tendance à la re-minéralisation, à la re-végétation, à la re-animalisation, de telle sorte qu'elles vaguent à travers la nature, cherchant un objet à leur action.

Or, il est facile de comprendre que de ces forces, de ces Élémentaux, les uns sont bons, les autres sont neutres, les autres sont mauvais. L'acide qui brûle a son Élémental, comme l'eau inoffensive.

En les poisons, en les explosifs, en toutes les forces brutales de la Nature, il y a un élémental.

La Kabbale dit :

« Il n'est rien au monde, même un brin d'herbe, sur qui un esprit ne règne. »

C'est la même idée rendue sous une forme plus concrète. Tout brin d'herbe a en lui une force — brin du faisceau de la force herbale, autre brin du faisceau végétal, dépendant elle-même d'autres forces dont l'expression première est la force vivante, qui se ramifie en toute la Nature.

C'est ici qu'il convient de se demander si les Élémentaux peuvent exercer une influence sur l'homme et réciproquement.

Pour l'élémental, l'homme est un ennemi, puisqu'il est un destructeur. Mais aussi, qu'il prenne garde, l'Élémental se défend et c'est avec les précautions les plus grandes que l'homme doit entrer dans son domaine. Les choses se vengent. Elles souffrent. *Sunt Lacrymae rerum !* Le poète a dit vrai.

De plus, se fait-on bien une idée de la brutalité de ces Élémentaux? Un mot expliquera tout. Il y a des Élémentaux de la foudre, de la mer; un cyclone n'est qu'un tourbillonnement d'Élémentaux.

En fait, les élémentaux sont soumis à l'homme; mais la coercition que celui-ci exerce sur eux, nuit à leur évolution normale, et ils combattent et ils tuent.

En tant que forces, ils vaguent, avons-nous dit, à travers l'univers, toujours en quête d'action ; tout ce qui se trouve sur leur passage leur sert d'instrument et, si l'homme cherche à leur barrer le passage, malheur à lui.

Tant que dans l'évolution humaine, il y a prise pour la Matière, l'Élémental est un ennemi.

Le Corps astral ne lui échappe même pas, en sa partie matérielle : et avec ses énergies brutales il peut le tordre et le briser.

L'homme, en sa vie terrestre est environné d'Élémentaux qu'il provoque et qui le harcèlent.

Il peut les dominer, c'est ce qu'il fait tous les jours par la science et l'industrie, mais comme l'Élémental sournois le guette ! Qu'il se départe un seul instant de sa surveillance, qu'il commette la moindre des erreurs et comme l'Élémental triomphant prend sa revanche. L'explosion de la machine à vapeur, l'écrasement d'une mine sont les triomphes féroces de l'Élémental.

Toujours dompté, toujours indompté.

Mais l'homme n'a réellement puissance sur lui que lorsqu'il fait usage de toute sa force psychique, la seule contre laquelle l'Élémental soit impuissant.

Celui qui, intuitivement, comprend l'Élémental, c'est-à-dire sait que sous la matière brute, il y a un être, le poursuit, le rejoint et le regarde en face, celui-là est tout puissant, ce qui équivaut à dire qu'il n'acquiert ce pouvoir que lorsqu'il est parvenu au plan astral.

Maintenant on doit comprendre ce que nous entendons par Magie noire.

Le Magicien noir, le Sorcier, n'est pas l'adversaire, il est l'allié, le complice, presque l'esclave de l'Élémental dont il se croit le maître.

L'Élémental, agent du mal, ennemi de l'évolution ascendante qui le rejette plus bas dans la brutalité et qui paralyse son action, se constitue l'auxiliaire du criminel qui retarde l'accession au plan psychique. —

Ils s'emparent, avons-nous dit, des corps astraux : alors, ils apparaissent sous des formes diverses. Le Sorcier leur livre lui-même une partie de son influx astral et contribue à leur donner cette existence éphémère et presque toujours terrifiante. Aussi ils peuvent se saisir d'une portion de la forme astrale d'un médium.

Ils galvanisent le cadavre d'un animal ou s'emparent du moule qui a abandonné son corps matériel, ils réaniment des débris épars et constituent des formes monstrueuses qui restent pendant de longues années dans l'imagination des peuples.

Un dernier mot sur les élémentaux : ils constituent le Monde du mal et des vices.

Dans la Kabbale, c'est le *Olahm IIa Asiah*, le Monde Asiatique, le monde de l'action appelé aussi le Monde des Coquilles, Olahm-Ha-Oliphoth, monde de la matière, fait de la partie la plus grossière des autres mondes. En lui sont les esprits du Mal que la Kabballe appelle *Oliphoth*, Coquilles.

Le Prince de ce Monde, *Samael*, est l'ange du poison et de la mort, il a pour femme *Isheth Zemumin*, la Prostitution. Unis, ils forment *Chioa*, la Bête.

Mais il y a aussi les élémentaux du Bien, et c'est sur ceux-là que la Magie Blanche peut exercer son empire.

Ce sont les forces d'en haut, celles que la légende, la tradition, la Kabbale ont désignées sous le nom d'Anges.

En tant que forces pures, la Kabbale les dénombre ainsi, sous l'appellation des dix Séphiroth :

1. *Kether*. — L'espace sans bornes.

2. *Chokmah*. — L'activité intelligente infinie.

3. *Binah*. — L'action intelligente.

Ainsi est constituée la trinité spirituelle supérieure.

4. *Chesed*. — Pitié ou Amour.

5. *Geburah*. — Force et courage.

6. *Thiphereth*. — Beauté ou douceur.

7. *Netzatch*. — Fermeté, victoire.

8. *Hod*. — La splendeur.

9. *Yesod*. — La base.

Ainsi sont constituées les deuxièmes et troisième Trinités supérieures se résolvant enfin en :

10. *Malkuth*. — Le royaume, la vie.

Mais ces dix Séphiroth ont encore une autre signification dans le monde des faits : ce sont :

1. L'Esprit ; 2. L'Air ; 3. L'Eau ; 4. Le Feu ; 5. La Hauteur ; 6. La Profondeur ; 7. L'Orient ; 8. L'Occident ; 9. Le Nord ; 10. Le Midi.

Sans insister plus longtemps sur ces symbolismes faciles à comprendre avec quelque réflexion, il est aisé de concevoir comment les Kabbalistes ont voulu cataloguer en quelque sorte les éléments des Principes, des Lois et des Faits. Mais aussi ils ont attaché à chacune de ces Séphiroth des groupes d'Élémentaux :

1. *Chioth-Ha-Qadesh*, les saints vivants.
2. *Auphanim*, les roues.
3. *Aralim*, les trônes.
4. *Chashmalim*, les flammes.
5. *Seraphim*, les forces féminines.
6. *Shinanim* ou *Melekim*, les rois.
7. *Tharshisim*, les splendeurs.
8. *Beni-Elohim*, les fils des très hauts.
9. *Aishim*, les flammes vivantes.
10. *Cherubim*, les sphynx.

Ces Sephiroth, éléments supérieurs, ont leurs équivalences au plan des lois, du mouvement, de la vie. Ce sont :

1. *Rashith-Ha-Galgalim*, le commencement des rotations.
2. *Masioth*, la sphère du Zodiaque.
3. *Shabbatai*, le repos.
4. *Tzedeq*, la droiture.
5. *Madim*, la force violente.
6. *Schemesh*, la lumière solaire.
8. *Nogah*, la splendeur brillante.
8. *Kokab* la lumière stellaire.
9. *Levanah*, la lumière lunaire.
10. *Chelom-Yesodoth*, le briseur de fondations.

Ainsi quatre séries de Séphiroth, forment quatre mondes :

Atziloth : les émanations, monde archétype.

Briah : les créations, monde des lois.

Yetzirah : les formations, monde des réalisations.

Asiah : la matière, monde de l'action.

En ce dernier sont les élémentaux du mal :

Satan, Béelzebuth, Lucifer, Ashtaroth, Asmodée, Belphégor, Baal, Adrammelech, Lilith et Nahema.

Ainsi les forces mauvaises de la nature sont personnifiées en des démons et pour qui raisonne, ces noms perdent leur caractère fantaisiste dès qu'on les revêt de l'idée matérielle d'éléments dangereux et nuisibles. Ils n'ont rien de plus fantastique que les appellations chimiques d'acide cyanhydrique ou de morphine.

Mais ce sont là des considérations qui nous entraîneraient trop loin.

Ces indications sommaires sont suffisantes pour quinconque a compris le principe des élémentaux et aura la volonté persévérante de plonger au fond de la science.

Arrivons maintenant à un autre ordre d'entité, les Élémentaires.

CHAPITRE VII

LES ÉLÉMENTAIRES

En ces questions qui touchent tout particulière·
ment aux mystères de la vie future, nous suivrons
d'abord pas à pas les enseignements de la science
occulte et du Bouddhisme ésotérique, tels qu'ils
nous ont été donnés par M. Sinnett.

Le lecteur devra d'abord se reporter au chapitre
qui traite des sept, — ou des neuf, — principes de
l'homme et avoir présente à l'esprit la signification des mots que nous ne pouvons, on le com-
prendra, définir à chaque ligne.

Les trois principes les plus bas de l'homme sont
Rupa, le corps, *Jiva*, la force vitale et *Linga
Sharira*, le moule de la forme, le Corps astral.

Ces trois principes à la mort doivent disparaître,
en tant qu'entité spéciale, leurs éléments subsis·
tant bien entendu, quand même, mais retournant
dans le monde des élémentaux.

Le principe ·le plus haut, lié directement à

l'homme, c'est *Kama Rupa*, le corps du désir, le véhicule de la volonté qui forme le point de jonction entre les trois principes inférieurs et les principes supérieurs de conscience et d'esprit.

La nature de *Kama Rupa* est donc double, selon que la tendance de l'homme est dirigée en haut, vers l'esprit, ou en bas, vers la matière.

—Les animaux ont *Kama Rupa* comme l'homme, mais sans lien avec *Manas*. Chez eux, *Kama Rupa* est l'échelon suprême de leur évolution.

Chez l'homme, ce n'est qu'un degré.

L'âme animale est chez l'homme le siège des désirs physiques. Selon que ces désirs sont plus ou moins violents et brutaux ou que l'homme y succombe ou les vainc, l'évolution se dirige plus ou moins promptement vers le stade supérieur, celui de la partie spirituelle.

En l'homme, tel qu'il existe aujourd'hui, la partie spirituelle n'est encore qu'à l'état d'ébauche. Il est facile de se rendre compte qu'au point de vue moral, comme au point de vue social ce sont les besoins matériels qui dirigent l'humanité, soit qu'ils se restreignent aux nécessités physiques de l'existence, c'est-à-dire au bien-être moyen et légitime, soit au contraire qu'ils dégénèrent en passions, — avarice, gourmandise, luxure.

La conscience n'a encore au chapitre humain que voix consultative et il est fort rare qu'on lui demande cette consultation.

Il faut bien se convaincre de cette vérité, c'est

que l'homme, bien loin d'être le summum de la perfection naturelle, n'est peut-être pas même l'homme vrai.

En effet, si le titre d'homme doit désigner une créature absolument différente du règne animal, nous sentons que ce que nous sommes ne réalise pas ce désidératum.

L'homme est beaucoup plus étroitement lié à l'animalité qu'il n'appartient à la spiritualité.

La lutte pour la vie, la criminalité, ayant pour mobiles les passions physiques, les guerres, toutes ces manifestations relèvent évidemment de l'animalité.

Il faudrait avoir le courage d'avouer que la vraie naissance de l'homme, c'est sa mort, c'est-à-dire son évasion de l'animalité.

Il existe évidemment des degrés, mais les hommes les plus excellents ne subissent-ils pas les coercitions de l'animalité et l'effort des plus vertueux ne consiste-t-il pas à tenter d'y échapper ?

Notre race est animalo-humaine.

L'humanité vraie ne commence qu'après nous.

Nous ne possédons pas encore, dit M. Sinnett, l'âme spirituelle. A peine la pressentons-nous.

Dans l'animal, la substance une est concentrée dans le *Kama Rupa*. Dans l'homme elle commence à s'agréger au *Manas*, à l'âme humaine. Dans l'homme parfait, hors de l'humanité présente, elle atteint *Buddhi*, l'âme spirituelle et enfin *Atma*, l'esprit. L'évolution est achevée et sa résultante est plus différente de l'homme actuel que celui-ci ne diffère du minéral.

Comment donc se continue l'évolution après la mort, ou plutôt lors de la naissance à l'état subséquent et supérieur.

A la mort, les trois principes inférieurs, entraînés en quelque sorte par leur propre poids, retombent vers la matière. Le corps retourne aux éléments dont il a été formé, il est happé pour ainsi dire par les élémentaux inférieurs auxquels la substance avait été dérobée et qui, s'en emparant, l'entraînent dans leur évolution, le monde d'en bas.

La vitalité, *Jiva*, ne se perd pas plus que le corps, elle exerce de nouveau son action, mais adéquate au groupement des molécules sur lesquels elle trouve à s'exercer.

Enfin le le Corps astral se désagrège lui-même plus ou moins rapidement.

Le quatrième principe, *Kama Rupa*, où l'âme animale, siege de la volonté ou du désir, s'échappe pour passer dans un monde supérieur qui fait immédiatement suite au nôtre, supérieur seulement au point de vue de spiritualité. Car ce monde est encore attaché à la terre, fait partie de la terre, se trouve mêlé à son atmosphère.

.C'est, et j'engage les curieux à lire toute cette étude plus complète encore dans l'*Initiation* et dans la *Revue Théosophique* (1), un lieu réel, le plan astral ou *Kama Loka.*

(1) Voir plus loin.

Là, en vérité, c'est une nouvelle vie qui commence.

L'être, le Kamalokiste, si l'on veut, se compose d'un corps, éthéréen quant au nôtre, mais très matériel quant à *Manas*.

Nous pourrions établir cette quasi équivalence :

Kama-Rupa, corps.

Manas inférieur, force vitale.

Manas supérieur, esprit.

Et la lutte s'engage entre les principes supérieurs et les principes inférieurs.

Mais il ne faut pas oublier qu'avec *Linga Sharira* ont disparu les principes les plus grossiers de l'animalité et que ce qui, avec *Kama Rupa*, reste dans le *Kama Loka*, n'est plus qu'un instinct, une aspiration atavique, quelque chose comme un regret de l'animalité.

Au contraire, ce qui constitue la véritable personnalité de l'homme, son état de conscience, s'élance vers le monde spirituel.

Nous disons la véritable personnalité de l'homme. Nous en appelons à tous ceux qui pensent et raisonnent. Est-ce qu'il en est un seul qui n'ait cette notion évidente, c'est que, lorsqu'il est entraîné par une passion, dont, nous le savons, le principe préexiste toujours dans les parties les plus animales de notre être, il ne s'appartient plus, il n'est plus lui !

Nous savons, nous sentons tous que ce qui constitue notre véritable personnalité n'est pas ce qui combat, ce qui défaille, ce qui s'exalte tous les jours au contact des matérialités de la vie. Répétons-le, nous pressentons l'homme en nous, mais nous savons que nous ne sommes pas l'homme. Notre rêve, expression de la réalité future. raison d'être du vrai socialisme, c'est de nous soustraire et de soustraire nos semblables aux pesanteurs écrasantes de la vie matérielle, qui seules nous induisent au mal, au vice et au crime, de nous libérer en un mot de la matière, à quoi l'homme tend par les progrès des machines et de l'utilisation des forces électriques et autres, pour nous rendre l'indépendance de notre esprit, de l'effort intellectuel. On ne réclame la limitation de la journée de travail que pour donner à ceux qui sont le plus étroitement attachés à la la glèbe, le loisir de délivrer leur esprit des liens de la matière.

« Du *Kama Loka*, dit M. Sinnett, les éléments spirituels de l'homme, libérés par la mort, qui est identique, en vérité, au mouvement par lequel un homme trop lourdement chargé, jette à terre le poids qui l'opprime, arrive à l'état Dévakhanique.

Le *Dévakhan* répond en partie à ce que les religions ordinaires appellent le Paradis. Cependant, entre les deux expressions, la différence est essentielle.

Ce qui survit d'un mortel dans le *Dévakhan*, ce n'est pas seulement la monade individuelle, cette monade qui traverse toute la chaîne des existences, à qui tout ce qui vit doit sa vie, cette monade qui survit à tous les changements, lesquels se succèdent pendant la période d'évolution à travers les formes, si longue qu'elle comprend une éternité ; cette monade enfin qui seule est éternelle, non ce qui survit en *Dévakhan*, c'est la propre *self-conscience* de la personne désincarnée.

En somme, ce qui entre en *Dévakhan*, c'est notre individualité elle-même, dans tout ce qui constitue nos aspirations les plus hautes, nos affections les plus tendres, nos goûts les plus élevés.

Bien différente, on le comprend, de ce que nous appelons notre personnalité, dont la seule raison d'être est dans la coexistence du corps matériel et de ses besoins à l'aspiration spirituelle qu'elle trouble et arrête dans son essor.

L'individualité, c'est donc ce principe qui, depuis le commencement de l'évolution, plus ou moins enveloppé, troublé, par des contingences passagères, tend toujours à se dégager et y parvient d'autant plus promptement que notre volonté, reflet du *Manas*, résiste plus énergiquement à l'obsession de la matière.

La science occulte affirme que ce dégagement complet ne se peut opérer qu'à la suite d'un certain nombre d'incarnations et de réincarnations.

Le *Dévakhan*, d'après ces théoriciens, n'est qu'un état transitoire, de repos en quelque sorte, d'où la monade individuelle repart, après un temps plus ou moins long, pour se réincarner de nouveau et continuer, parachever s'il est possible, l'œuvre de sa purification, de sa libération absolue, jusqu'à ce qu'elle rentre enfin dans le *Nirvanâ*, où, redevenue identique au principe spirituel lui-même, elle est définitivement absorbée en lui.

« Si l'état dévakhanique, dit la *Revue Théosophique*, est incompatible avec les sensations et les goûts purement sensuels de la dernière personnalité, il ne s'ensuit pas que les seules pensées et les seules aspirations d'un caractère métaphysique persistent dans cet état nouveau. Loin de là, toutes les sensations produites sur un plan supérieur trouvent en *Dévakhan* leur sphère de développement. Tout ce que nous avons rêvé, pourvu que notre rêve soit élevé et légitime, s'y trouve réalisé : tous ceux que nous avons aimés de l'amour le plus tendre et le plus passionné, sont là près de nous et ne nous quittent plus. Les êtres qui nous sont plus chers que nous-mêmes, les choses, les connaissances acquises, tout, en *Dévakhan*, vient satisfaire à tous les besoins de notre esprit et de notre cœur et combler toutes les aspirations de l'âme. C'est un état purement subjectif, il est vrai, mais pour l'être qui en ressent les bienfaisants effets, cet état de jouissances élevées et raffinées est aussi réel que le sont la table sur laquelle nous écrivons, que le fauteuil sur lequel nous étendons nos membres fatigués.

Mais l'état de *Dévakhan* n'est qu'un état de relativité qui dépend de la somme des forces spirituelles que l'individualité a déjà acquises dans le courant de son évolution.

Tous les principes premiers sont identiques en essence, mais c'est en *Nirvanâ* seul que cette identité, adéquate au Grand Tout, se retrouve.

En *Dévakhan*, l'état dépend du Karma, comme aussi en dépend le nombre de réincarnations qui devra être nécessaire pour que l'identité nirvanique soit recouvrée.

Donc, qu'on ne confonde pas cette théorie avec celle des religions qui ont inventé un paradis ou un enfer, récompensant ou punissant éternellement une existence vertueuse ou criminelle.

Si nous continuons à nous élever impitoyablement contre la justification du point de départ, la différenciation de l'absolu, par contre, en laissant cette question irritante de côté, nous reconnaissons la logique de l idée occulto-bouddhique.

Sans savoir, d'ailleurs, sur quelles preuves réelles l'occultisme base sa connaissance détaillée de l'état dévakhanique, nous citerons cette page empreinte d'une poésie de large allure :

« En *Dévakhan*, l'amour, cette puissance créatrice, place l'image aimée en face de l'amant qui désire sa présence, et cette image est toujours là, prête à répondre au moindre appel pour combler les desirs de l'être aimant. Seulement, il ne peut y avoir là rien qui ressemble à une union corporelle ; un corps matériel ou *Mayavi-Rupa*, — corps d'illusion, — étant aussi invisible aux sens spirituels que le corps spirituel l'est aux sens physiques. Si, de deux êtres s'étant aimés, l'un reste vivant sur la terre, et ne peut avoir qu'en rêve le sentiment de ses relations avec l'être envolé, bien qu'au réveil il devienne, la plupart du temps, inconscient de ses relations, l'être dévakhanique, lui, conservera toujours, sans interruption, le sentiment et les joies de la possession spirituelle de l'être aimé, puisqu'il n'aura à subir à aucun instant la séparation qu'imposent les liens du corps à celui sur qui ils pèsent durant cette vie terrestre.

» En *Dévakhan*, notre *Ego* est devenu une individualité toute mentale, toute spirituelle, et ce qui, pour lui, dans la vie grossière des sens, était une illusion, un rêve, un produit de l'imagination, devient dans ces nouvelles conditions la réalité elle-même, cent fois plus réelle que la fausse réalité dont nous sommes dupes ici-bas. »

Et il convient de méditer cette phrase qui renferme toute la théorie de la vie future :

« Le ciel, atteint par une individualité, est exactement adapté à ses capacités, car le ciel est sa propre création, l'œuvre de ses aspirations et de ses facultés. »

Et M. Sinnett définit ainsi le *Karma*, lui rendant son véritable sens ésotérique :

« *Karma* est une expression collective qui dénomme un groupe d'affinités bonnes ou mauvaises générées par l'être humain pendant sa vie terrestre, et dont le caractère s'imprime pour ainsi dire dans chaque molécule du cinquième principe, l'âme humaine, auquel il reste inhérent pendant toutes les périodes de changement que ce dernier traverse, depuis le moment où il sort de la vie active jusqu'à ce qu'il y rentre. »

Et nous trouvons, dans un travail fort curieux sur le *Dévakhan*, cette idée intéressante à tous les points de vue :

« Ceux qui, n'ayant pas cru à une continuité de vie consciente après la mort, ont borné toutes leurs aspirations au monde terrestre, ne peuvent pas réaliser ce qui n'existe pas pour eux, et leur repos dévakhanique, quelle qu'en soit la durée, sera un sommeil sans rêves dont ils ne se réveilleront que pour commencer une nouvelle incarnation. »

Revenons maintenant au stade immédiat que la monade humaine parcourt aussitôt après la mort, c'est-à-dire à *Kama Loka*.

C'est là que séjournent, pour un temps plus ou moins long, *Linga Sharira*, le corps astral, et *Kama Rupa*, le corps du désir.

Mais ce n'est pas tout ; à cette Coquille astrale restent attachés les principes inférieurs de *Manas*, une fausse ressemblance de la Conscience, sorte d'instinct moral, incapable de générer une idée, de s'en assimiler de nouvelles et d'accomplir dans le sens spirituel aucun progrès.

C'est un résidu en lequel subsiste encore un souvenir actif des impulsions reçues pendant la vie. *Kama Rupa* ne peut pas s'adapter aux conditions d'une existence permanente : les apparences de conscience qu'il peut encore présenter sont nécessairement passagères.

Mais le *Kama-lokiste*, le Corps astral encore soumis aux dernières impulsions ou pulsations du Désir et aux lointaines influences d'une conscience dont le principe est désormais hors de lui, n'en existe pas moins pendant un certain temps à l'état d'Élémentaire.

Le *Kama lokiste*, est plus ou moins alourdi par les éléments matériels qui ont subsisté en lui.

Le *Kama lokiste*, né d'un homme qui a donné en lui la prédominance à l'élément spirituel sera plus léger, se désagrégera plus rapidement que celui dont la vie a été grossière et matérielle.

La première condition d'une bonne naissance astrale est une bonne mort terrestre.

Celui-là seul a bien vécu, dans la signification moyenne de l'expression, qui a accompli son évolution physique et intellectuelle dans des conditions normales.

Si l'homme a vécu d'une vie frugale, mais sans misère, qui ait compromis le jeu de ses organes, s'il a joui d'un bien-être relatif, sans excès et sans privations, ayant entraîné lui-même son corps au minimum des besoins à satisfaire pour la conservation de la vie, s'il s'est appliqué à suivre, en les périodes distinctes de son existence, une hygiène appropriée à sa situation sociale et à son âge, il arrive au terme en de parfaites conditions physiques. Il meurt, sinon de vieillesse, au moins par la fatigue normale des organes. La vie a accompli en lui son œuvre parachevée. La durée de sa vie a dépendu déjà du *Karma* physique qu'il apporte en naissant, c'est-à-dire de la bonne ou de la mauvaise qual'té des cléments qui ont servi à la formation de son corps, du plus ou moins d'excellence du moule générateur auquel s'est agrégée l'étincelle vitale. S'il les a améliorés ou, si tout au moins, il n'a pas aggravé son état, il meurt dans les meilleures conditions possibles. Le Corps astral naîtra à son tour en équilibre, dégagé des éléments premiers qui se sont épurés par l'évolution même.

Si l'homme a été bon, honnête, dans la sincérité du mot, s'il a développé sa conscience, ses éléments psychiques, sa partie spirituelle emportera avec elle la majeure partie de *Manas*, n'en laissant dans le corps astral qu'une parcelle sans importance.

L'état de mort terrestre, aidant en proportion que nous pourrions appeler géométrique au développement de la partie spirituelle, le Corps astral, allégé et de la partie purement matérielle et de *Kama Rupa* et de *Manas* inférieur évoluera librement dans le Monde astral en s'éloignant de son ancienne patrie terrestre.

Il restera dans les régions supérieures du *Kama Loka* jusqu'à sa parfaite désintégration.

Nous allons voir l'importance de cette observation.

Examinons le cas contraire. — —

1°. Brutalité physique, détraquement de l'organisme par des excès, par des privations, par le vice ou par la misère, par culpabilité de l'individu ou défaut d'organisation sociale.

2° Brutalité morale, existence criminelle, vicieuse, subordination perpétuelle de l'élément psychique à l'élément matériel.

Ici, la naissance astrale s'accomplit dans les pires conditions. L'évolution régulière n'a pas été accomplie. Les parties matérielles de l'Être, loin de s'être affinées, se sont alourdies; les parties spirituelles se sont en quelque sorte matérialisées, atrophiées. Le *Karma* est mauvais, la balance baisse du côté de la matière, de l'animalité.

Linga sharira, alourdi, reste alors dans le plan inférieur du *Kama Loca*.

En ces conditions, il est encore, pour ainsi dire, lié à la terre. Les élémentaux dont il s'est rapproché ont encore prise sur lui, il est soumis aux forces humaines dont il ne s'est pas dégagé et qui peuvent le contraindre à se rapprocher encore plus à l'état de revenant, de matérialisation, voire même, comme Katie King, d'être quasi-vivant et provisoirement réincarné.

Le Kama-Lokiste inférieur — l'Élémentaire

impur — erre, flotte près de la terre, attendant du temps sa libération de l'animalité. Le poids est lourd, la chaîne auquel il est rivé est solide, car c'est lui-même qui l'a forgée.

Il se peut même que la brutalité, la matière, l'emporte à ce point que l'élémentaire, par une sorte de régression, soit revenu à l'état d'élémental.

Il nous reste à traiter la question des évolutions violemment interrompues par des causes diverses.

Nous les classerons ainsi :

Les mort-nés qui ont à peine vécu dans le sein de la mère ;

Les morts aux premieres périodes de la vie ;

Les morts par accidents ;

Les morts par crimes d'autrui ;

Les morts en raison de crimes personnels ;

Les morts par suicide.

Nous nous trouvons en face d'une série de désorganisations, d'entrées prématurees dans le *Kama Loka*. Ici, le cas est différent de ceux qui ont été examinés plus haut.

Il y a eu un arrêt brusque, volontaire ou involontaire de l'évolution normale.

Pour les enfants mort-nés, il est évident que l'évolution n'a même pas commencé à s'accomplir. La partie spirituelle n'a pas eu le temps de se développer. Le corps seul a végété. La force vitale n'a pas été épuisée. Le *Kama Rupa* s'est à peine éveillé, *Manas* est resté muet. Ce sont, en réalité, des entités purement matérielles en qui l'esprit ne s'est manifesté qu'en des proportions presque inappréciables.

La loi même de l'évolution veut que l'étincelle spirituelle, une fois manifestée, recherche, retrouve un appareil dans lequel le développement s'opère.

C'est ce que Victor Hugo a si bien exprimé, par une intuition de génie, dans son poëme, *le Revenant.*

Les forces vitales de l'enfant mort sont restées auprès de la mère, et quand l'acte paternel s'est accompli, elles ont repris possession du moule physique qui permettra leur évolution.

Mais en toute autre condition de cessation brusque de la vie, l'être désincarné devra achever à l'état de Corps astral la période de temps qui aurait été employée sur terre à l'évolution normale.

Ces Élémentaires ne sont pas, à proprement parler, des morts. Ces sont des vivants qui, dépouillés violemment de leur corps matériel, vivent réellement à l'état de corps astral :

« Arrachés de la vie en pleine sève, dit M. Sinnett, dans toute l'ardeur des passions terrestres, attachés par mille et mille liens qui n'ont pas eu encore le temps de se dénouer à tous les appétits de la vie, dominés par les désirs qui les animaient et qui les ont suivis, pour ces êtres, le danger est extrême. Ils ne peuvent guère, à moins d'avoir été, dès cette vie terrestre, des héros ou des saints, s'éloigner de son atmosphère où ils cherchent incessamment à rentrer dans la vie par tous les moyens possibles. (1) »

Plus terrible encore est la situation de ceux qui sont morts par le suicide ou en état de crime brutal.

Pendant la période équivalente à ce le leur évolution normale, ces Élémentaires, chez qui la partie psychique est restée à l'état rudimentaire, appartiennent aux besoins, aux passions qui les ont poussés à l'infamie.

Violents ils étaient, violents ils subsistent, brutaux et traîtres : Alors il engagent une lutte perpétuelle contre les corps astraux des hommes mal équilibrés, afin de les chasser et de se substituer à eux. D'où les fous, les épileptiques, les névrosés de tout ordre, et ceux aussi alcooliques, mangeurs de haschish, fumeurs d'opium, morphinisés qui ouvrent eux-mêmes la porte à ces larves aux aguets. Ce sont de réelles possessions contre lesquelles la force ordinaire de la volonté reste impuissante.

Aussi ces élémentaires guettent les hommes en état de sommeil, de rêverie, et si le corps astral s'éloigne un instant, il lui faut engager une véritable lutte pour reprendre possession de leur domaine, d'où les cauchemars et les affres des visions monstrueuses.

(1) On comprend ce que les guerres laissent d'élémentaires à évolution interrompue dans le torrent astral.

Les élémentaires s'emparent aussi des corps astraux vaguant dans la partie inférieure du *Kama-Loka* et parviennent à une sorte de réincarnation apparente, sous formes de fantômes matérialisés.

Mais aussi, soumis à la puissance matérielle de l'homme, ils peuvent être contraints de lui obéir : ce sont le plus souvent des Élémentaires qui produisent les bruits, les mouvements provoqués par les imprudents qui, faisant tourner des tables, ignorent quels étranges êtres ils provoquent.

Ils sont galvanisés aussi par l'effort du médium et sont les instruments de la plupart des phénomènes produits.

Dans les séances d'évocation, de médiumnisation, les élémentaires, qui sont aussi nombreux que les grains de poussière dans l'air — revêtent la forme psychique — corps astral — projetée par le médium et apparaissent en totalité ou en partie, le plus souvent dans l'obscurité, la dilution extrême de ces formes n'en permettant pas la perception sous les rayons lumineux ou la lumière possédant une trop grande force de dissociation qui empêche une cohésion suffisante des molécules astrales.

« Tant qu'un penchant vers le corps reste dans l'âme, dit Thomas Taylor dans son introduction au Phédon, elle attire en conséquence à elle une enveloppe quelconque, de nature aérienne ou composée de l'esprit et des vapeurs de son corps terrestre ou enfin amassée à la hâte dans l'air environnant. »

Rien de plus logique.

Les anciens affirmaient d'ailleurs que les âmes impures, pendant un certain temps après qu'elles ont quitté leur corps, errent çà et là dans leurs enveloppes spirituelles, vaporeuses ou aériennes, qu'elles apparaissent aux environs des tombeaux et hantent leurs anciennes demeures.

« Ils sont, disait Apulée, le fléau des méchants et la vaine terreur des bons. »

« En supposant, dit Cudworth, que les esprits ou fantômes possèdent certains corps souples qu'ils peuvent condenser jusqu'à les rendre visibles aux hommes, il est assez raisonnable de penser qu'ils ne peuvent les resserrer et les fixer au dégré de fermeté, de matérialité et de solidité que conservent la chair et les os ou du moins qu'ils ne le pourraient sans une difficulté assez grande et au prix de souffrances assez sérieuses pour les empêcher de tenter l'épreuve. Malgré cela il est incontestable qu'ils peuvent parfois se servir d'autres corps solides et les faire remuer ou agir, ainsi que dans cette fameuse histoire de Phlegons où le spectre s'évanouit, non pas comme le font généralement les fantômes, mais en laissant après lui un cadavre. »

On comprend aussi que dans l'angoisse suprême de la mort, en un effort en quelque sorte désespéré pour accomplir un désir violent, le corps astral, arraché du corps matériel, se projette vers les êtres aimés,

L'aventure qui suit n'est qu'un exemple entre mille de ces apparitions d'élémentaires :

« La femme du capitaine Wheatcroft vit en rêve, pendant la nuit du 14 au 15 novembre 1857, son mari qui se trouvait aux Indes. Elle s'éveilla aussitôt et le vit debout auprès de son lit, en uniforme, les mains pressées contre sa poitrine, le visage livide et les cheveux en désordre. Il la regardait avec une expression de désespoir. Elle distinguait jusqu'aux moindres particularités de sa toilette. [L'apparition faisait des efforts pour parler, mais aucun son ne se produisit. Elle disparut. Le matin elle raconta l'événement à sa mère, convaincue que son mari était blessé ou mort. Quelques jours après arrivait une dépêche annonçant que le capitaine avait été tué le 15 novembre, devant Lucknow. Elle écrivit alors à l'intendant de son mari que la date devait être fausse. Ayant pris des informations auprès du ministère de la guerre, elle reçut l'avis que le 15 novembre était bien la date de sa mort. Mais plus tard arriva la lettre d'un témoin oculaire, dans laquelle le 14 novembre était indiqué comme le jour de la mort, et l'intendant Wilkinson reçut aussi du ministère un acte de décès, rectifiant la première erreur. »

Donc élémentaux et élémentaires sont les deux classes d'êtres, — dits fantastiques — avec lesquels l'homme peut entrer en relations :

Les morts sont pendant un temps plus ou moins
long à l'état d'élémentaires, et il se peut que la
volonté humaine les puisse évoquer. Mais ils ne
peuvent devenir visibles qu'en ces deux cas : leur
corps astral est encore assez chargé de matière
pour apparaître sur notre plan — ou bien ils trouvent à leur disposition un corps astral — soit de
médium, soit d'homme endormi, en léthargie,
en syncope — dont ils peuvent momentanément
s'emparer pour se ma'érialiser.

Un désir persistant de revoir un mort retient
le corps astral de ce mort dans le voisinage de
celui qui a le regret sincère. L'oubli est un renvoi
de l'élémentaire, une libération.

Qui veut comprendre doit méditer.

CHAPITRE VIII

LA SCIENCE OCCULTE

Comment se peut-il faire qu'un journaliste, un Parisien, un romancier, imbu dès sa première adolescence des principes du scepticisme le plus absolu, fort railleur de tout ce qui touche de près ou de loin au fantastique qui lui a toujours inspiré une curiosité, analogue à celle qu'éprouve un enfant en face d'une porte fermée, mais en même temps la défiance la plus absolue, ait été amené tout à coup à se préoccuper de ces questions singulières, si faciles à trancher par la négation sèche ?

C'est ce que je vais expliquer en toute franchise, montrant le point de départ et le chemin parcouru.

Un jour, chez un de mes amis, journaliste comme moi et non des moins connus, je m'étais hasardé à émettre cette idée qu'après tout, puisque tout ce qui nous entoure exerce nécessairement une action sur nous, il n'était pas déraisonnable d'admettre que les grandes forces cosmiques, dont la puissance est si formidable que nous pouvons à peine la calculer avec les instruments dont nous disposons, eussent aussi une influence sur notre existence et sur les conditions de notre évolution.

Deux jeunes gens qui étaient là me poussèrent à développer ma pensée, ce que je fis sans aucune résistance, étant bavard, en Parisien-né que je suis. Mes interlocuteurs m'écoutaient avec plus de curiosité peut-être que de sympathie, pourtant sans malveillance, mais avec ce quasi sourire qui signifie :

« Va, mon bonhomme, patauge. »

Je fis cependant bonne contenance et, quand nous sortîmes, l'un d'eux m'accompagna et nous continuâmes à causer. Or, dans les quelques paroles que j'entendais, je percevais je ne sais quoi de bizarre et pourtant de net qui me surprenait d'autant plus qu'il était question de survivance de l'âme, point sur lequel j'avais toujours été intraitable.

Mais les arguments étaient si nouveaux, si frappants en même temps, que tout en me débattant ainsi qu'il convient, quand on a de longue date son siège fait, j'étais pris d'un véritable intérêt.

— Connaissez-vous le *Lotus ?* me demanda mon interlocuteur.

Le *Lotus !* Ce nom à parfum essentiellement asiatique, loin de me séduire, me remit subitement en défiance. J'interrogeai ; il s'agissait d'une revue mensuelle, vouée aux études ésotériques, encore un mot qui ne disait rien qui vaille, mais enfin, comme j'ai le plus profond respect pour le papier imprimé, je reçus la brochure rouge qui m'était offerte et je l'emportai chez moi.

Élégante en somme. et d'aspect quelque peu diabolique avec sa couverture rouge et son monogramme sanscrit, — j'avais autrefois pioché le Desgrange pour ma satisfaction personnelle, — inscrit dans un rayonnement.

Celui-là se trompera étrangement qui, me remettant une feuille noircie, quelle qu'elle soit, pourra croire un instant que je ne la lirai pas. J'ai lu trois mille volumes pour écrire un dictionnaire, je lis du matin au soir et je sais par cœur jusqu'aux annonces de tous les journaux. Une brochure de plus ne pouvait me faire peur. A peine rentré chez moi, j'ouvris le Lotus, dont le texte serré était un peu rébarbatif... je lus la première page et... je dus m'arrêter ; en toute franchise, je dois avouer que je n'y comprenais absolument rien.

Il était question, dès le début, de Parabrahm, de *Sthula sharira*, de l'*Atman* divin. Ce mot de divin m'agaçait, mais comme j'aurais voulu jeter la brochure en traitant les écrivains de cléricaux, tout au moins voulais-je n'en donner le droit en sachant pourquoi je les injurierais.

Et j'achevai la brochure, sans y comprendre rien de plus.

Ceci pourtant, c'est que je trouvais là des preuves indéniables d'une très grande somme de travail, mise au service d'une science que je pouvais d'autant moins contester qu'elle m'était plus étrangère.

J'ai toujours estimé qu'avant de railler quelqu'un, il fallait au moins en savoir autant que lui.

Je veux citer un passage d'un article de Dramard, un des plus ardents propagateurs de la science nouvelle, mort à la peine. Ces lignes m'avaient tout particulièrement frappé :

« Que les déshérités prennent courage et qu'ils se gardent bien surtout de répudier l'enthousiasme humanitaire, le dévouement désintéressé, l'amour de la justice et la foi au progrès, qui ont permis à leurs devanciers de faire tant de chemin depuis près d'un siècle. Qu'ils se souviennent également que la diffusion des lumières est la principale source des progrès accomplis et des hautes aspirations de notre époque. Dans la France libre-penseuse, les prêtres du christianisme dégénéré ne sont plus à craindre, mais il faut se méfier des masques sous lesquels se cachent les obscurantistes désireux d'exploiter l'avenir. Ce ne sont pas les formules du dogme qui constituent le prêtre, non plus que l'habit, c'est la répudiation de la science et de la raison, en faveur d'un *credo* quelconque... »

N'y avait-il pas là une théorie large et largement exprimée.

Je me procurai les numéros parus du *Lotus* et bientôt je ressentis une très réelle sympathie pour ce groupe d'hommes, très forts, parlant excellemment une langue de haute philosophie, les Gaboriau, les Barlet, les Guymiot, les Amaravella, en même temps qu'une sorte de stupéfaction en face d'une des personnalités les plus étranges et en même temps les plus puissantes que j'aie jamais rencontrées — littérairement et philosophiquement — s'entend.

Je veux parler de madame Blawatsky.

Je ne connaissais ce nom que par quelques lignes plus que désagréables qui lui avaient été consacrées par la *Revue scientifique* où elle et ses amis étaient très nettement traités de fous et de jongleurs.

Je lus sa réponse. Tudieu ! quelle verve, quelle netteté dans la riposte. Elle me fit l'effet, pour l'âpreté de la discussion, d'un Veuillot des bons jours.

Mais ceci n'était que de la polémique personnelle et l'indignation fait le journaliste aussi bien que le poète.

Les articles philosophiques de madame Blawatsky me rassurèrent. Il y avait là plus et mieux qu'un emballement encoléré, il y avait une force très réelle, mise au service d'une cause que je n'appréciais pas bien encore, mais qui se résumait en un ardent amour pour l'humanité.

« Les missionnaires théosophes, dit-elle quelque part, visent à une révolution sociale. Mais c'est une révolution toute morale, et lorsqu'elle sera accomplie, lorsque les masses déshéritées auront compris que le bonheur est entre leurs mains, que richesse ne donne que soucis, qu'heureux est celui qui travaille pour les autres, car les autres travaillent pour lui, lorsque les riches sentiront que leur felicité dépend de celle de leurs frères — quelle que soit leur race ou leur religion — alors seulement le monde verra poindre l'aube du bonheur. Le seul dieu que nous devons servir, c'est l'humanité, et notre seul culte est l'amour du prochain. En faisant du mal à ce prochain, nous blessons et nous faisons souffrir Dieu. Lorsque nous renions nos devoirs fraternels et refusons de considérer un païen comme notre frère, aussi bien qu'un Européen, nous renions ce Dieu, voilà notre religion et nos dogmes. »

Ce serait manquer à la bonne foi que de nier qu'en dehors de l'estime profonde que m'inspirait le très grand talent déployé tant par Madame Blawatsky que par sa petite troupe pour la défense de la Théosophie — malgré les protestations que m'a inspirées et m'inspire encore cette dénomination archaïque et fausse — je n'aie été attiré par le caractère surnaturel de ces études.

Avant d'aller plus loin, je dois parler de deux livres particulièrement curieux que je me procurai au debut de ces travaux, tout à fait nouveaux en apparence pour moi et qui cependant se rattachaient à des préoccupations qui m'avaient hanté toute ma vie, Ce sont : le *Traité élémentaire de Science occulte* (1), par Papus, pseudonyme de M. Gérard Encausse — et le *Monde occulte* (2), de Sinnett.

Je parlerai d'abord du second de ces ouvrages qui m'ouvrit des horizons absolument inconnus.

M. Sinnett est l'ancien éditeur du journal *The Pioneer*, organe officiel publié aux Indes-Anglaises.

Lancé en 1881, ce livre fit connaître l'existence de la *Société théosophique*, fondée par le colonel Olcott et madame Blawatsky,

Voici le programme de cette société que je donne d'après la version définitive publiée par la *Revue théosophique*, dirigée par madame Blawatsky et madame la comtesse d'Adhémar, et qui pour l'érudition — et, ajoutons le, l'intolérance philosophique peut-être un peu outrée — remplace le *Lotus*, suspendu à notre grand regret.

Qu'est-ce que la Théosophie?

REMARQUES

I, — *Idée générale de la Théosophie.*

Il n'y a qu'une vérité dans le monde, comme il n'y a qu'une religion, une science, une philpsophie. Mais la vérité prend des apparences diverses sui-

(1 et 2) Chez Carré, éditeur,

vant les époques, suivant les climats, et suivant les races.

La Théosophie a pour but de consacrer le respect de cette vérité qui est la base fondamentale de l'univers et de déterminer en même temps son adaptation spéciale à chaque groupe humain.

De là une société centrale et des branches locales.

II. — *Religion.*

Le nom de Théosophie exprime l'idée d'une philosophie divine.

1° La Théosophie se place au-dessus de la compétition des intérêts matériels, ne voulant asseoir son influence que sur la persuasion et sur l'empire de la vérité dans les âmes.

3° Elle tire sa doctrine d'une source humaine, mais inaccessible au vulgaire. Cette origine est si lumineuse et si haute que tout homme, quel qu'il soit, qui sait en mesurer la grandeur, est pénétré d'admiration pour notre destinée future et notre petitesse présente.

3° Cette source doctrinale est en réalité divine, parce que l'intelligence humaine, qui a pu s'élever jusqu'à elle, a pris rang parmi les forces naturelles supérieures à l'humanité. L'évolution vers ces hautes sphères est réalisée plus ou moins lentement et péniblement par l'effort quotidien et continu de tous les êtres.

La Théosophie guide et soutient cet effort individuel, pour le rendre plus rapide, plus facile et plus fécond.

III. — *Science.*

La science arrivera, par la Théosophie, à se fondre dans la Foi.

Ceux qui n'ont aucune croyance, ceux qui n'ont que des croyances superficielles, ceux qui n'ont que des croyances spéciales — c'est-à-dire les Adeptes des diverses religions — que tous viennent à la Théosophie !

Ceux qui ne croient qu'aux propriétés organiques périssables comme les organes, comprendront qu'ils n'ont étudié qu'un côté de l'homme. Ils feront alors l'expérience de ce que donne de calme, de force et de clarté la croyance judicieuse à l'individualité de l'esprit et à sa survivance éternelle.

Ceux dont la pensée est encore flottante entre les doctrines et les dogmes rencontreront la fermeté et la certitude qu'ils ont en vain cherchées.

Ceux dont l'âme est déjà ouverte aux aspirations suprà terrestres reconnaîtront dans la Théosophie toutes leurs pensées ; ils y trouveront une lumière de plus, la lumière qui chasse la dernière ombre, qui dissipe toute confusion, en éclairant chaque objet sous son véritable jour et à son propre plan.

La Théosophie est donc l'agent moteur de l'Humain vers le Divin.

Et c'est parce qu'elle connaît les lois de l'Invisible qu'elle dit à l'homme :

— Sois pour l'homme un frère.

Résumé de Théosophie :

La Théosophie ou la religion de la sagesse a existé de temps immémorial.

Elle nous donne une théorie de la nature et de la vie fondée sur le savoir acquis par les sages du passé, plus spécialement par ceux d'Orient, et ses disciples les plus élevés afûrment que ce savoir n'est pas quelque chose d'imaginé ou d'induit, mais qu'il est acquis expérimentalement par ceux qui se soumettent aux conditions nécessaires pour l'acquérir.

Voici quelques-unes de ses propositions fondamentales :

1° L'esprit dans l'homme est la seule partie réelle et permanente de son être. Le reste de sa nature étant composé de toutes choses composées, soumises à la décomposition, il n'y a dans l'homme que son esprit qui soit permanent.

De plus, l'Univers étant Un et chacune des choses qu'il contient étant en relation avec chacune des autres et avec le tout, ce dont on a une parfaite connaissance sur le plan supérieur dont il s'agit, aucun acte, aucune pensée ne peut se produire, sans que le grand Tout en ait la perception.

D'où suit que tout est lié par le lien indissoluble de la fraternité.

2° Au-dessous de l'Esprit et au-dessus de l'Intellect, il y a un plan de conscience dans lequel les faits sont notés et qu'on appelle communément la Nature spirituelle de l'homme : cette nature est susceptible d'éducation aussi bien que le corps et l'intellect.

3° On ne peut atteindre à l'éducation spirituelle qu'autant que les intérêts matériels, les passions et les exigences de la chair sont subordonnés aux intérêts, aux aspirations de la nature supérieure, et c'est une question de système et de lois établies.

4° Les hommes systématiquement entraînés atteignent une claire vision du monde immatériel et spirituel : leurs facultés antérieures saisissent la vérité aussi facilement que leurs facultés physiques perçoivent les objets matériels et leurs facultés intellectuelles les objets de la raison, d'où suit que leur témoignage à l'égard de cette vérité a autant de valeur que celui des savants et des philosophes, relativement à la vérité de l'objet de leurs études respectives.

5° Pendant le cours de leur éducation spirituelle,

ces hommes acquièrent la perception de différentes forces de la nature inconnues aux autres et le pouvoir de les diriger, de sorte qu'ils peuvent faire ce qu'on appelle des miracles, bien que leurs actes ne soient que l'application rationnelle de leurs connaissances plus avancées des lois naturelles.

6° Leur témoignage en faveur de l'existence d'une vérité supersensuelle, appuyée sur la possession de ces pouvoirs, a donc le droit d'être examiné sincèrement par tout esprit religieux.

Les principaux points du système exposé par les sages sont les suivants :

1° L'explication de la cosmogonie, du passé et de l'avenir de la terre et des autres planètes, celle de l'évolution de la vie à travers les formes minérales, végétales, animales et humaines.

2° Les affaires de ce monde et de ses habitants sont soumises à des lois cycliques, et pendant un cycle donné, il n'est pas possible d'atteindre le degré ou la qualité de progrès d'un cycle différent.

3° L'existence d'une substance éthérée répandue dans tout l'Univers et appelée Lumière astrale ou *Akaça*, qui est le réservoir des événements passés, présents ou futurs, et qui garde la trace de tous les effets produits par des causes spirituelles, de tous les actes et de toutes les pensées provenant de la matière et de l'esprit. On peut l'appeler le Livre de l'Ange et du Jugement.

4° L'origine, l'histoire, le développement et la destinée de l'humanité.

Sur l'homme, la Théosophie enseigne ce qui suit :

1° Chaque esprit est une manifestation de l'esprit unique et est ainsi une partie du tout. Sa destinée est de passer par une série instructive de faits en s'incarnant et de se réunir finalement à sa source divine.

2° Son incarnation n'est pas unique, mais répétée, chaque individu se réincarnant pendant de nombreuses existences dans différentes races et différentes planètes et accumulant les expériences de chaque incarnation pour s'avancer vers la perfection.

3° Entre deux incarnations, quand l'esprit est débarrassé des éléments grossiers agrégés à lui pendant la vie, il y a une période de repos comparatif pendant laquelle l'esprit se prépare à une nouvelle apparition dans la vie matérielle.

4° La nature de chaque incarnation dépend du mérite ou du démérite de la vie ou des vies précédentes, de la façon dont l'homme a vécu et pensé ; cette loi est inflexible et d'une justice absolue.

5° Le *Karma*, terme à double sens qui signifie la loi de causalité éthique — ce que l'homme sème il le récolte — et le doit et avoir, ou la balance du mérite et du démérite de chaque individu. — Il détermine les joies et les douleurs de chaque incarnation, de sorte que ce qu'on appelle la chance est en réalité du mérite, — un mérite acquis dans une existence antérieure.

6° L'évolution, jusqu'à la réunion avec la divinité comprend une élévation graduelle en pouvoir et en utilité. Les êtres les plus élevés qui soient encore vêtus de chair se nomment *Sages*, *Richis*, *Frères*, *Maîtres :* leur importante fonction est de conserver et, quand la loi cyclique le permet, d'étendre le savoir spirituel et son influence dans l'humanité.

7° Lorsque l'union avec la Divinité est effectuée, tous les événements de chaque incarnation reparaissent dans sa conscience.

Quant au procédé du renouvellement spirituel, la Théosophie nous apprend ce qui suit :

1° La condition essentielle de ce développement est d'assurer la suprématie du plus haut élément de la nature humaine, l'Esprit.

2° Ce développement est atteint par quatre voies principales :

A. Le déracinement de tout égoïsme et la culture d'une sympathie large et généreuse pour le bien des autres, avec l'effort pour produire ce bien.

B. La culture de l'homme spirituel intérieur par la méditation, la communion avec la Divinité et l'exercice.

C. La domination sur les appétits et les désirs de la chair et la subordination délibérée de tous les intérêts matériels aux ordres de l'esprit.

D. Le strict accomplissement de tous les devoirs afférents à la situation qu'on occupe dans la vie, sans désir de récompense, laissant les résultats à la loi divine.

3° Ce qui vient d'être indiqué étant praticable pour tous les hommes qui ont le sentiment religieux, il faut pour atteindre un plan spirituel supérieur, une éducation spéciale, physique, intellectuelle et spirituelle, par laquelle les facultés internes sont d'abord éveillées, puis développées.

L'*Adeptat* est une position élevée de l'évolution humaine, qu'on n'atteint que par une laborieuse discipline personnelle et un dur travail prolongé, parfois pendant plusieurs incarnations, avec de nombreux degrés d'initiation et d'avancement au delà desquels il y a encore d'autres degrés qui approchent de plus en plus de la Divinité.

Quant au développement spirituel, la Théosophie fait les affirmations suivantes :

1° Le développement se produit entièrement au dedans de l'individu, le motif, l'effort et le résultat étant distinctement personnels.

Quoique personnel et intérieur, le développement n'est pas totalement abandonné à l'individu lui-même, puisqu'il n'est possible que par une communion étroite avec la Source suprême de toute force.

Quant au degré d'avancement pendant l'incarnation, la Théosophie soutient :

1° Que la simple connaissance intellectuelle de la vérité Théosophique est d'une grande valeur parce qu'elle rend l'individu capable d'aller plus haut dans sa vie terrestre, en lui donnant une impulsion dans le sens de l'élévation.

2° Qu'une plus grande avance encore est obtenue par l'usage continu des moyens de culture spirituelle qui ont été indiqués.

On peut ajouter que la Théosophie est le seul système de philosophie qui donne une explication satisfaisante aux problèmes suivants :

1° L'objet et l'utilité des autres planètes et la nature de leurs habitants.

2° Les cataclysmes géologiques de la terre, l'absence fréquente de types intermédiaires dans sa faune, la présence des restes d'architecture et des autres vestiges des races perdues à propos desquels la science ne fait que de vaines conjectures, la nature des civilisations éteintes et les causes de leur extinction, la persistance de la sauvagerie et les inégalités dans le développement de la civilisation, les différences physiques et internes des différentes races humaines, la direction du développement futur.

3° Les contrastes et les concordances des croyances du monde et la base commune qui les soutient.

4° L'existence du mal, de la souffrance, de la douleur morale, énigme indéchiffrable pour le philosophe et le théologien.

5° Les inégalités de condition sociale, les contrastes entre la richesse et la pauvreté, l'intelligence et la stupidité, l'instruction et l'ignorance, la vertu et le vice : l'apparition des hommes de génie dans les familles vulgaires et autres faits opposés à la loi d'hérédité : la fréquente hostilité des milieux aux individus, hostilité qui gâte leur vie, étouffe leurs aspirations et paralyse leurs entreprises, la violente antithèse du caractère et de la condition, la surprise des accidents, de l'infortune et de la mort prématurée, tous problèmes qui ne peuvent être résolus que par la théorie du caprice divin ou par les doctrines théosophiques du *Karma* et de la réincarnation.

6° La possession par certains individus de pouvoirs psychiques, tels que la seconde vue, la claire audience, etc., ainsi que les phénomènes de la Psychométrie et du Statuvolisme (1).

7° La vraie nature des phénomènes du spiritisme et l'antidote de la superstition et des espoirs exagérés.

8° L'échec des religions conditionnelles dans leurs tentatives d'extension, dans la réforme des abus, dans la réorganisation de la société, dans l'expansion de l'idée de fraternité, dans l'apaisement des mécontents, dans la diminution du crime, dans l'élévation de l'humanité et leur inaptitude à faire réaliser par les individus l'idéal qu'elles professent.

.... Enfin, le but de la Société Théosophique est triple :

1° Propager le principe de la fraternité universelle parmi tous les hommes, sans distinction de race, de croyance ou de couleur.

2° Favoriser l'étude des littératures, des religions et des sciences propres aux Aryens et aux autres races orientales.

3° Etudier les lois inexpliquées de la nature et les pouvoirs psychiques de l'homme.

L'adhésion à la première de ces fins est la condition essentielle pour être reçu membre de la société, les deux autres sont facultatives.

______

(1) Volonté à l'état non manifesté.

On ne peut dénier à ce programme encyclopédique une large allure : par contre, on ne saurait trop lui reprocher une affectation regrettable, alors qu'il s'agit en réalité de science pure, seulement poussée à des plans supérieurs, d'un mysticisme qui, pour mieux s'affirmer, emprunte aux vieilles théologies leur logomachie injustifiable,—— bonne tout au plus à repousser les hommes de bonne foi, qui n'entendent pas être sortis des religions pour rentrer dans une religion.

Il y a toujours du prêtre dans le philosophe.

Mais le vrai chercheur ne s'arrête pas à ces détails. Il était important de se rendre un compte aussi exact que possible de la valeur intellectuelle et morale des personnalités qui se mettaient à la tête d'un mouvement dont le but était beau et ne tendait à rien moins qu'à changer l'axe du mouvement social.   ——

Il convient alors d'ouvrir le livre de M. Sinnett, et on y apprend qu'il existe dans l'Inde une fraternité ou association secrète qui étend ses ramifications dans tout l'Orient.

Lord Lytton, dans son roman *Zanoni*, a prouvé qu'il avait eu connaissance de cette fraternité qui conserve, depuis les temps les plus reculés, le dépôt des sciences occultes.

L'Adepte, ou plutôt l'Initié, le *Mahatma* — Grand Esprit — comme on appelle les membres de cette Association mystérieuse — dont la trace peut se suivre à travers toute l'histoire, depuis Krisna jusqu'à Pythagore, Orphée, Moïse, Apollonius de Thyane, jusqu'à Jésus — est arrivé à un plan supérieur à l'humanité, tout en restant encore sur cette terre. Mais il a pénétré sur le plan astral, s'est emparé des forces qu'il renferme et peut les faire agir.

Il sait — par expérience — ce que le raisonnement ou l'intuition nous fait pressentir, c'est-à-dire qu'il a une âme, que cette âme, plus subtile que le corps, est une réalité matérielle. Il la sépare de son corps en de certaines conditions et l'y replace ensuite. Il sort hors de lui et peut diriger son corps astral, le condenser, le matérialiser en quelque sorte et à de grandes distances.

Il a la connaissance de cette force de la nature qui s'appelle Akaça et qui est le réservoir de toutes les forces, agent plus subtil et plus puissant que l'électricité.

L'Adepte peut donc, s'il le veut, produire des phénomènes que nous sommes disposés à qualifier de fantastiques et qui ne sont, en réalité, que la mise en action de forces qui nous sont inconnues.

Nous donnerons tout à l'heure des détails plus complets sur cette association.

Les adeptes, pendant des siècles, se sont renfermés dans la solitude, en des sortes de couvents dont quelques-uns se trouvent sur les cimes des Himalayas.

Cependant, leur porte n'a jamais été fermée aux hommes de bonne volonté qui sont venus à eux. Mais, dès le premier pas, celui qui se destinait au *Chélaat*, à l'état d'étudiant ès-sciences occultes, est averti qu'on ne fait pas un adepte, il doit se faire lui-même. Il ne s'écoule jamais moins de sept années entre le moment où le candidat à l'initiation est accepté comme aspirant et celui où il peut être admis à la première des épreuves qui lui barrent le chemin des premiers degrés de l'occultisme. Il ne sait même pas s'il sera jamais admis à l'initiation. Il ne s'agit pas là d'épreuves physiques et ridicules, non plus d'ailleurs qu'il n'était question de ces enfantillages dans les anciennes Iniations Égyptiennes.

Si, en Franc-Maçonnerie, on comprenait le vrai sens du Testament qui est réclamé du profane, le nombre des apprentis deviendrait si restreint, que la Maîtrise ne serait plus prodiguée, comme elle l'est aujourd'hui.

L'aspirant Chéla ne ressemble en rien à l'étudiant ès-sciences ordinaires. De celles-là, il peut trouver le secret dans les livres et sur les bancs des cours. Sa moralité, son intuition spirituelle, ses projets d'avenir, l'usage qu'il prétend faire de la science acquise, n'entrent pas en ligne de compte. Quand il s'agit de sciences occultes, les conditions sont toutes différentes.

Les qualités exigées d'un Chéla sont :

1° Une parfaite santé corporelle.

2° Une pureté absolue physique et mentale.

3° Des desseins non égoïstes, une charité universelle, de la compassion pour tous les êtres animés.

4° La constance et une foi inébranlable à la

loi de Karma, indépendante de l'intervention d'aucun pouvoir de la nature : loi dont le cours ne peut être entravé par aucune entremise, dévié par aucune prière, aucune cérémonie propitiatoire exotérique.

5° Un courage indomptable en face de toute éventualité, fût-ce la mort.

6° La perception intuitive que notre âme est le véhicule de l'Esprit-Atma.

7° Une calme indifférence, mais aussi une juste appréciation en présence de tout ce qui constitue le monde objectif et transitoire et ses relations avec le monde invisible.

C'est par un effort tout personnel que le Chéla doit se mettre au-dessus du corps, des sens, du péché, de la douleur.

Mais il faut bien comprendre qu'il ne s'agit pas ici d'un simple état de résistance, de macération, de privation. L'objectif est plus élevé et en même temps très différent. Il faut arriver à un changement de plan. Résister à ses désirs est une lutte : vainqueur aujourd'hui, on peut être vaincu demain. Il faut tuer en soi le désir, la passion. Par exemple, s'abstenir d'alcool est utile, mais le chéla doit n'avoir plus le desir de l'alcool, c'est-à-dire que si on lui verse et qu'on lui offre un verre de la liqueur de feu, il doit ne pas éprouver le moindre désir d'y goûter.

Ce sont ces nuances qui sont si difficiles à comprendre pour les occidentaux. Leurs maîtres en charité, par exemple — Saint-Vincent-de-Paule —

estiment qu'en faisant le bien, ils accomplissent un acte méritoire. Le véritable occultiste ne comprendrait pas qu'il lui fût possible d'agir autrement que dans le sens de l'altruisme. Tout acte égoiste lui serait une souffrance.

Ce n'est qu'à ces conditions, si difficiles à remplir, que l'aspirant aux pouvoirs occultes peut espérer entrevoir le but.

Et c'est là aussi la grandeur et la beauté de la science Occulte, que le fait seul d'en saisir la véritable portée est déjà un progrès sur les conditions ordinaires de notre entendement.

Certes, en ces derniers temps, lorsqu'un rayon de cette lumière nouvelle parvint jusqu'au monde moderne, les postulants se présentèrent en foule : la curiosité était le principal élément de leur empressement. Ils rêvaient tous de franchir le seuil de ce temple, entrevoyant la possibilité d'acquérir des pouvoirs supérieurs à ceux des autres hommes, désirant la toute-puissance qui mettrait leurs semblables à leur merci. Leur seul objectif, était, en réalité, d'assouvir des ambitions qu'ils sentaient irréalisables par les voies ordinaires ; en fait, ils ne voyaient dans la science Occulte qu'un pouvoir magique, dans le sens le plus étroit du mot.

D'autres étaient de bonne foi, mais leurs facultés étaient insuffisantes pour qu'ils parvinssent à modifier leur orientation intellectuelle.

Les premières épreuves suffirent à prouver la toute-puissance des inclinations latentes, surexcitées en quelque sorte par les obstacles. Ce ne furent qu'échecs déplorables. A peine quelques-uns franchirent le premier degré de l'initiation.

Essayons d'expliquer, par un exemple, la différence de plan qui existe entre la science Occulte et la science ou plutôt le préjugé ordinaire : les Adeptes, affirme-t-on, parviennent à s'affranchir de la mort. C'est-à-dire, pour les profanes, qu'ils sont mis en possession de quelque élixir de vie qui leur procure l'immortalité.

Comparons cette banalité à la théorie de l'Occultisme :

La mort est le brutal passage, instantané, du plan matériel au plan astral : tout acte brusque implique un effort, donc une souffrance.

L'adepte, par l'effort de sa volonté, par la pratique sévère et ininterrompue des règles de l'Initiation, obtient ce résultat de répartir sur une période très longue l'effort de la transformation qui, ainsi, au lieu d'être brusque, devient graduelle et non douloureuse. Il ne meurt pas, il va vers le plan supérieur, comme gravissant une pente douce, observant chacun de ses pas, étudiant chacun de ses mouvements, de ses actes, tant au point de vue matériel qu'au point de vue spirituel. Car le changement de plan comprend la double transformation physique et psychique.

Savoir vivre, c'est savoir mourir.

C'est par distances infinitésimales que l'Adepte s'approche du seuil de l'Au-delà, si bien qu'il le franchit insensiblement, sans avoir, pour ainsi dire, la notion du moment précis où le passage s'accomplit. Car à la seconde qui a précédé cet acte en avant, il était déjà semblable, à une infinitésimalité près, à ce qu'il devient la seconde suivante.

Le lien qui unit le corps matériel au corps astral s'est si lentement affiné que sa rupture ne mérite même plus ce nom, puisque mathématiquement il n'y a qu'extension indéfinie de ce lien.

Ce que l'adepte doit vaincre, c'est ce que les occultistes appellent le dragon du Seuil, expression dont il est possible de se rendre compte en songeant aux aptitudes héréditaires qui déterminent la date moyenne de la mort, qu'il s'agisse d'individus, de familles, de peuples ou de l'Humanité tout entière.

Supposons qu'en un peuple, il existe cette règle de moyenne, qui fixe la durée de la vie à trente ans : d'autre part, dans certaines familles de ce peuple, la durée moyenne de la vie est de cinquante ans. Enfin, dans l'humanité tout entière, le maximum de la vie est de cent ans.

L'adepte devra vaincre trois fois le dragon du Seuil, à trente ans, comme membre du peuple dont il fait partie, à cinquante ans, comme membre de sa famille, à cent ans comme homme.

Il ne s'agit pas ici de moyens uniquement thérapeutiques, mais de l'observation continuelle, impeccable de soi-même, de l'utilisation pondérée, raisonnée de ses forces. A chacune de ces périodes, l'adepte doit agir comme le cocher qui sait que sur sa route, semée de fondrières, il en est trois qui présentent un danger mortel. Avant d'y arriver, il ralentit l'allure de ses chevaux, il jette un regard sur le harnachement, il tâte les freins pour être sûr de leur bon fonctionnement, toute son attention se tend sur ce seul point, franchir l'obstacle.

Il est passé. Son allure redevient libre, mais dès lors il doit déjà penser au second obstacle, au troisième et ménager son effort en conséquence.

Tout acte qui s'accomplit a une influence sur tous les actes qui s'accompliront. C'est la grande, la première vérité de l'occultisme.

Le troisième obstacle franchi, la route est libre, le voyage s'achèvera dans des conditions de normalité absolue et il dépendra du cocher que l'arrêt définitif ait lieu sans aucune secousse.

L'élixir de vie, c'est la suppression de la mort, le passage rendu insensible, et par conséquent l'existence d'une période qui est encore la vie matérielle et déjà la vie astrale.

En cette période, l'être est en possession de deux ordres de facultés, il est encore puissant comme homme, et déjà il peut user des forces qui sont spéciales à l'état supérieur.

Ces idées, si simples en réalité, diffèrent cependant à un tel point de celles auxquelles nous sommes habitués que, pour les concevoir, il nous faut déjà changer de plan intellectuel.

Un admirateur de Victor Hugo me disait un jour : « Pour bien le comprendre, il faut le lire, monté sur une table. »

C'est ainsi que pour comprendre les principes élémentaires de l'occultisme, il faut pour ainsi dire monter au-dessus de soi-même.

Madame Blawatsky a passé les premiers degrés de l'initiation, ayant fait un séjour de sept années chez les Mahatmas du Thibet.

Et pour la première fois depuis des siècles la Théosophie s'affirma. Madame Blawatsky attira l'attention par quelques actes phénoménaux des plus simples, démontrant l'existence d'une force jusqu'alors inconnue, miracles calculés de façon à éveiller la curiosité sans troubler la raison de ceux qui en étaient témoins.

Autorisée par les Mahatmas avec lesquels elle est restée en communication, elle a prouvé l'existence d'une télégraphie psychique entre elle et ses maîtres, à travers l'espace, la pénétration de la matière, la désintégration et la reconstitution de la substance.

Nous renvoyons les curieux au livre de M. Sinnett, nous réservant, dans un prochain volume, d'analyser et d'expliquer des phénomènes, très différents d'ailleurs de ceux que nous avons relatés dans nos premiers chapitres et présentant un caractère que nous appellerons plus philosophique.

D'ailleurs, osons dire toute la vérité :

La plupart de ceux qui sont disposés à la science occulte ne voient dans son étude qu'un jeu, agrémenté de tours de prestidigitation plus ou moins réussis ou bien ils les rapportent au magnétisme et à la suggestion.

Il faut qu'on sache que pour concevoir l'idée seule des progrès inouis qu'elle comporte pour le développement moral et physique de l'humanité, il est indispensable de se livrer à des études préliminaires qui modifient du tout au tout la façon de raisonner philosophiquement.

Il faut ouvrir une porte derrière laquelle, nous dit-on depuis des siècles, il n'y a que ténèbres et folie. Entr'ouvrir avec précaution, car la lumière en face de laquelle on se trouve au-delà du seuil est si puissante, si éclatante, si troublante qu'il est à craindre que l'éblouissement produise la cécité.

Avant tout, il convient de lire avec attention les livres qui, depuis quelques années, traitent de cette science, en s'efforçant de la mettre à la portée de nos esprits européens. Au premier rang, nous placerons le *Traité élémentaire de Science occulte* de Papus qui, très simplement, ouvre des horizons tout nouveaux sur le mode d'intelligence des sciences exactes.

Puis, pour entrer de plain-pied dans l'histoire vraie, si différente de celle dont on a rebattu nos oreilles, il faut lire : *La Mission des Juifs* (1), de M. Saint Yves d'Alveydres, un véritable chef-d'œuvre au double point de vue scientifique et littéraire, intéressant comme un roman, suggestif comme le plus ardu des traités philosophiques.

Il est utile alors d'avoir la révélation du nom d'un homme de génie, un Français, qui au com-

(1) 1 vol. Calman Lévy.

mencement de ce siècle eut l'intuition de toute la science ésotérique de l'Orient, Fabre d'Olivet, auteur de *La langue Hébraïque restituée*, de l'*Histoire philosophique du genre humain*, traducteur et analyste sublime des *Vers dorés* de Pythagore.

Répétons le mot parce qu'il est vrai, il se fait en le lecteur de ces ouvrages, — si peu ressemblants à ceux que nous connaissons, — une ouverture d'âme. Un voile se déchire. Et on est saisi du désir d'aller plus loin, toujours plus loin.

Nous avons déjà parlé de la collection du *Lotus*, véritable encyclopédie de philosophie orientale, aride d'abord, mais dont, après des efforts d'attention, toutes les parties s'éclairent et se complètent en un superbe ensemble. Les travaux de madame Blawatsky frappent l'étudiant d'une sorte de stupeur admirative : on ne saurait rendre mieux l'impression ressentie qu'en disant qu'on se trouve en présence de tout autre chose que ce qu'on avait étudié et appris. Et ce quelque chose de nouveau a un tel caractère de grandeur, de logique, d'humanitarisme dans le sens le plus élevé du mot, on entrevoit une solution si admirable de tous les problèmes sociaux, que l'on ne se sent plus le courage de hausser les épaules en ricanant.

La *Revue Théosophique* continue l'œuvre interrompue du *Lotus*. Peut-être lui pourrait-on reprocher comme à sa devancière un dogmatisme trop savant : mais en vérité elle reste dans son rôle directeur des études d'Occultisme, sans concessions aux préjugés courants.

L'Européen, le Français, le Parisien, désireux d'instruction plus facile, impatients de comprendre à de moindres efforts, trouvent alors l'auxiliaire de leur bonne volonté dans la revue l'*Initiation* (1), excellente publication mensuelle, dont l'esprit est conforme à nos façons de recherches, ce qui tient d'ailleurs à ce que sa rédaction est presque exclusivement française. Nous nommerons Stanislas de Guaita, Ch. Barlet, Georges Montière, Lucien Mauchel, Papus, Joséphin Péladan, Marcus de Vèze, Eugène Nus, Polti et Gary, auteurs d'une Physiognomie nouvelle qui constitue une révolution, et bien d'autres qui sont assez connus pour que leur nom puisse rassurer les effarouchés toujours en peur de se trouver en face d'une bande d'aliénés.

Signalons encore l'*Aurore*, de Mme la comtesse de Pomar, l'*Etoile* de l'abbé Roca, la *Revue Spirite*, les ouvrages de M. Camille Flammarion, etc.

Deux sociétes doivent être mentionnées ici ; l'une L'*Hermès*, dont le président est notre confrère Arthur Arnould, et le Groupe indépendant d'Études Ésotériques, plus largement ouvert, organisé sous la direction de l'*Initiation* et dont les conférences constituent un cours d'Occultisme clair et pratique.

Mais encore une fois qu'on ne s'attende pas à

____

(1) Bureaux : 14, rue de Strasbourg — 10 francs par an.

rencontrer des Thaumaturges affublés d'oripeaux de théâtre, coiffés de bonnets pointus et vêtus de robes ponctuées de diables rouges.

La Science Occulte — qui n'aspire qu'à ne plus l'être — vise à un tout autre but que l'épouvantement ou le ravissement des âmes sentimentales.

Elle veut le travail sincère, sérieux de ceux qui ont acquis cette conviction ; c'est que, par quelque côté qu'ils aient abordé les sciences officielles, ils les ont trouvées impuissantes à expliquer la plupart, la majorité des phénomènes naturels ou les aspirations latentes contre lesquelles nous nous débattons sans parvenir à leur imposer silence.

Le but de ce livre est de donner aux hommes de bonne foi le courage d'affirmer leur volonté de recherches, sans s'arrêter à des préjugés qui, pour trouver leur source dans le scepticisme à outrance, n'en sont pas moins entachés de despotisme et de tyrannie.

Nous avons voulu, non prouver, mais indiquer.

Ce petit volume peut être comparé à un de ces cantonniers qui, sur les lignes de chemin de fer, étendent le bras, disant dans leur langage muet :

—Allez en avant, on peut passer !

FIN

TABLE

—

LIVRE II

LES VIVANTS ET LES MORTS

Émile Colin. — Imprimerie de Lagny.